AF423085

TRUJILLO: CAUSAS DE UNA TIRANÍA SIN EJEMPLO

Juan Bosch

TRUJILLO: CAUSAS DE UNA TIRANÍA SIN EJEMPLO

Colección *Bosch para Todos*
República Dominicana
2014

Colección
Bosch para Todos

© Fundación Juan Bosch Inc., 2014
Paseo de los Locutores No. 43
Ensanche Evaristo Morales,
Santo Domingo, D. N.
Teléfono: (809) 472-1920
www.juanbosch.org

Diseño de la cubierta y arte final
Eric Simó

Impresión
Impresora Soto Castillo S. A.
Calle Caonabo No. 44, Calero, Villa Duarte,
Tels. 809-596-4106 y 809-592-4551
Santo Domingo Este, Rep. Dominicana.
email: sotoimpresora@yahoo.es

ISBN: 978-9945-587-01-2

República Dominicana

A la memoria de dos dominicanos que sellaron con la muerte su amor a las libertades democráticas en nuestra América:

Amado Soler, asesinado en Managua por la tiranía somocista, el mes de abril de 1954;

Pablo Martínez, asesinado en La Habana por la policía batistiana, el mes de marzo de 1958.

En los momentos en que salía a la calle la primera edición de este libro —enero de 1960— se producía en la República Dominicana una intensa agitación contra el régimen de Rafael Leonidas Trujillo. La dictadura descubrió un vasto movimiento de oposición y la jerarquía de la Iglesia Católica protestó contra los métodos de violencia ejercidos por la dictadura contra esos oponentes clandestinos; todo lo cual llevó a mucha gente a suponer que los días del trujillismo estaban contados.

Unos meses después fue descubierta la participación principalísima de Trujillo en el atentado contra la vida del Presidente de Venezuela y en el asesinato de un refugiado político español en México, hechos ante los cuales reaccionó América produciendo el Acuerdo de San José —agosto de 1960—, mediante el cual el régimen trujillista quedaba aislado diplomáticamente y se echaban las bases para proceder a su aislamiento económico. Los dominicanos libres y sus amigos del Hemisferio pensaron que los días del trujillismo estaban contados.

Pero sucede que el régimen de Trujillo no ha caído, sino que sigue manteniendo en Santo Domingo la misma férrea tiranía de otros tiempos y sigue perturbando la vida política de la América Latina con igual vigor que antes, como si su poder no hubiera disminuido con los tropiezos que ha tenido dentro de sus fronteras y en el exterior.

¿Qué fuerzas sostienen a Trujillo como rey sin corona de Santo Domingo?

Las leyes políticas y sociales que se aplican a un sistema de gobierno más o menos afectado por la opinión pública no tienen papel alguno en la República Dominicana.

La significación de los movimientos antitrujillistas que se producen de manera esporádica dentro y fuera de la República Dominicana es a menudo deformada por el afán de aplicar al caso dominicano la experiencia de otros países de la América Latina; y eso llevó a los observadores más sagaces a hacer cálculos errados sobre la situación de la dictadura de Trujillo.

Por ejemplo, la gran mayoría de esos observadores pensó que la participación de la Iglesia Católica en la lucha contra Trujillo marcaba la hora final de la dictadura.

Recordaron que la Iglesia había iniciado la etapa decisiva de los movimientos que liquidaron las dictaduras encabezadas por Perón, Rojas Pinilla y Pérez Jiménez, y en consecuencia creyeron que Trujillo estaba condenado a caer poco después de la pastoral que suscribieron los obispos dominicanos en enero de 1960.

Ninguno de esos observadores tomó en cuenta que los regímenes de Perón, Rojas Pinilla y Pérez Jiménez no tenían semejanza real con el de Trujillo. Las semejanzas eran aparentes, como resultan semejantes dos fiebres en dos dolencias que sólo tienen en común la alta temperatura de los enfermos.

Argentina, Colombia y Venezuela eran víctimas de tiranías políticas, pero la que padece la República Dominicana no es una tiranía política. En buena técnica sociológica, el Santo Domingo de Trujillo no puede ser calificado de nación, ni sus habitantes son un pueblo ni el poder que los domina puede ser llamado gobierno.

Santo Domingo es una empresa capitalista despiadada, los dominicanos son los trabajadores y consumidores forzados de esa empresa y el poder dominante está en manos del amo de la empresa.

Esa organización tiene apariencia gubernamental; está encabezada por un empleado de alta categoría llamado Presidente de la República, por otros de menor categoría llamados Ministros (Secretarios de Estado, en la tradición administrativa dominicana), y por otros más que forman un supuesto Congreso.

Pero el Presidente, los Ministros y los miembros del Congreso son simples empleados del propietario de la empresa, quien cuando considera que no son útiles a sus fines los echa de sus cargos sin previo aviso.

A veces un grupo de los trabajadores y consumidores forzosos de la empresa se subleva contra el amo, y a eso se llama en la República Dominicana y en el exterior "señales de la descomposición del trujillismo", expresión adecuada a los hechos políticos pero no a la actividad económica. Es casi imposible derrocar el trujillismo con medidas políticas; en cambio, es relativamente fácil llevar su empresa a la quiebra. Tras la quiebra de la empresa se producirá la rebelión triunfante.

Han habido varias rebeliones en Santo Domingo, todas ahogadas en sangre: una en 1930, otra muy importante en 1934, otra que llegó a manifestarse en huelgas apreciables hacia 1944; la última surgió a la luz pública en 1960.

Por razones del aislamiento en el espacio en que viven los dominicanos, ha sido difícil organizar esas rebeliones en escala nacional; y por razones del aislamiento en el tiempo a que los tiene sometidos la rígida censura trujillista, los rebeldes de 1960 ignoraban que hubo una rebelión en 1944, así como los que se rebelaron en 1944 ignoraban a los que la habían hecho en 1934.

La gente heroica que se ha lanzado a luchar en Santo Domingo no ha podido aprovechar las enseñanzas de sus antecesores.

Los mártires de 1960 no tuvieron a su alcance ni el consejo de uno de los veteranos de 1944 y de 1934 ni documentos públicos o privados para estudiar las causas que hicieron fracasar los movimientos anteriores.

Tal vez por esa razón, los de ahora, los de ayer y los de anteayer han cometido el mismo error: considerar el trujillismo como un régimen político, y atacarlo como a una tiranía política.

Y sucede que Trujillo no es un tirano político, a la manera tradicional en nuestra América. Es el amo de las tierras, de los bancos, de las fábricas y de los negocios, es también el amo de los hombres.

Esta verdad se ha cumplido pocas veces en la historia de manera tan evidente como en la República Dominicana. A menudo, un hecho demasiado evidente confunde al observador. Ese es el significado de la vieja frase, tan socorrida, sobre los árboles que no dejan ver el bosque.

El caso dominicano tiene apariencia política, pero cualquier conocedor de la vida latinoamericana ha visto numerosas veces ese caso en pequeña escala. En las villas menores de nuestro Hemisferio, el mayor latifundista es a menudo también el propietario de la casa de comercio del lugar, y debido a su preeminencia económica domina la vida de la zona en todos los órdenes, a veces sin que necesite estar respaldado por la fuerza de las armas.

Llevado a su máxima escala, ese ejemplo se aplica a Trujillo. El atraso histórico de Santo Domingo, determinado por causas ajenas a la voluntad del Pueblo y sobre todo por intervenciones militares extranjeras —la española hasta 1821 y después en 1861; la haitiana entre 1822 y 1844; la norteamericana de 1916 a 1924—, impidió que los dominicanos pudieran evitar la formación de la empresa monopolística y expoliadora creada por Rafael Leonidas Trujillo.

Las presiones económicas y políticas desatadas por la guerra mundial de 1939-1945 ampliaron a términos fabulosos la base económica de la empresa trujillista, y al terminar la guerra el país no era sino el territorio de la empresa, y sus habitantes, los esclavos aterrorizados del empresario. De entonces acá, nada ha podido quebrantar el dominio de la empresa sobre la tierra y sus pobladores.

Las razones históricas de todo tipo que han llevado a mi país a esa situación son estudiadas en este libro. Como no he pretendido hacer de él una plataforma política, sino sólo un exponente de las causas que produjeron y mantienen el sistema trujillista, no me aventuro a hacer el riesgoso papel de oráculo y no voy, por tanto, más allá de los límites señalados en el título de la obra.

La oportunidad de lanzar una segunda edición ha llegado antes de que pudiera cumplir mi propósito de ampliar la primera valiéndome de una bibliografía adecuada.

Es difícil disponer de una biblioteca más o menos amplia sobre la República Dominicana cuando se vive exilado y perseguido por un régimen que mantiene cortadas todas las comunicaciones —aun las de tipo cultural— entre sus adversarios políticos y el país. Por otra parte, las obras que el gobierno de Santo Domingo envía a las bibliotecas públicas de América son casi exclusivamente las que sirven para hacer la propaganda del trujillismo, no las que puedan ser útiles en el estudio de la historia nacional.

A pesar de eso y a pesar de esta segunda edición, no doy por abandonado mi plan de utilizar este estudio como base para una exposición más detallada. Lo que me anima a hacerlo es sobre todo que muchos lectores han encontrado en la obra el relato, si bien sucinto, de los sucesos históricos dominicanos, desde que la isla la Española fue descubierta por Colón a fines de 1492, y han hallado que esa historia tiene un dramatismo vivo y es por tanto interesante.

En efecto, la historia de Santo Domingo es intensa, porque sobre el país se han desatado con amarga frecuencia fuerzas a menudo más poderosas de lo que el pueblo podía soportar. Porción de una isla del Caribe, en ella ha descargado su tremendo poder el imperio español, el francés de Luis XIV, el voluntarioso Napoleón, la Inglaterra de Oliverio Cromwell y de William Pitt, los Estados Unidos en sus días más temibles. Luchas de esclavos contra amos, de negros contra blancos, de colonos contra metropolitanos, han sacudido sus entrañas, han quemado sus bosques y sacrificado a sus hombres. Por su tierra han pasado los temibles piratas de la Tortuga, pero también las ideas fecundas de Eugenio María de Hostos.

Debo aclarar, sin embargo, que no fue el propósito de escribir con orden la historia de Santo Domingo lo que me llevó a comenzar este libro con la exposición de las causas que deformaron psicológicamente a Trujillo. En un estudio sobre Trujillo, la buena técnica biográfica ordenaba iniciar la obra por los orígenes biológicos del personaje.

Pero sucede que cuando el personaje nació, y aun antes de que llegaran al país sus primeros antepasados, ya la sociedad dominicana estaba deformada y esa deformación sirvió de molde a la psique de Trujillo. Puede decirse que en el sentido psicológico el trujillismo nació antes que Trujillo.

Esto podrá explicarle al lector por qué antes que otros puntos trato el de la división del pueblo en gentes "de primera" y gentes "de segunda".

JB

Caracas, 9 de febrero de 1961.

Las ideas que aparecen en este libro fueron originalmente expuestas en una conferencia que el autor dio en el Salón de Conciertos de la Universidad Central de Venezuela, bajo los auspicios de la Dirección de Cultura de la Universidad, el 27 de febrero de 1959. Ese día se cumplían ciento quince años de la fundación de la República Dominicana, buena oportunidad para hablar sobre las causas históricas, sociales, económicas y políticas que han participado en la formación y en el mantenimiento del régimen dictatorial encabezado por Rafael Leonidas Trujillo. Lo que se pone ahora en manos del lector no es un resumen ni una versión de la conferencia, pero ha sido escrito teniendo por delante la transcripción de lo dicho en la Universidad, tal como aparece en las cintas en que fue grabada la conferencia, y haciendo uso de las notas que sirvieron para la exposición.

La calificación del trujillismo tiene necesariamente que ser un estudio previo al del análisis de las causas que produjeron y mantienen su existencia. Esa calificación está contenida en la disposición a realizar el análisis. Pero precisamente porque se trata de un análisis, y no de una pieza de agitación, en este trabajo no hay que buscar un lenguaje de tipo proselitista. En la larga lucha por las libertades públicas de su país, el autor hace un alto para comportarse no como militante antitrujillista, sino como investigador de la historia dominicana, a quien le interesa sobre todo dar con los orígenes del mal de su pueblo, a fin de que otros puedan evitar que el porvenir vea su repetición.

"Sabed que el pasado se parece al futuro como el agua se parece al agua"; dijo hace seiscientos años I-Ben-Jaldún. Y sin duda está llamado a parecerse mucho más si el pasado que ha producido un hecho social no es removido y ordenado en forma tal que la combinación de valores que él originó resulte de imposible reproducción.

Debido a que no hemos sabido remover nuestro pasado, cada generación latinoamericana ha tenido que luchar contra más de una tiranía. Para que ese estado de guerra perpetua entre pueblos y dictadores termine, hay que superar la etapa primitiva de los conceptos.

Todavía se leen de tarde en tarde artículos de firmas latinoamericanas que hablan de "hombres puros" y de "hombres impuros"; que dividen a la humanidad en los "buenos" y los "malos". De donde resulta que la lucha por las libertades públicas debe ser librada por los "buenos" o "puros" contra los "malos" o "impuros", por apóstoles del bien contra legiones del mal, por regimientos de ángeles contra batallones de demonios.

Cuando actúan en función política, los hombres no son buenos ni son malos; son los resultados de las fuerzas que los han creado y los mantienen, y con cierta frecuencia son juguetes de esas fuerzas o son sus beneficiarios. Los dictadores no caen del cielo. A nadie se le ocurrirá temer que en Suecia se produzca un Trujillo, y no precisamente porque los suecos sean más bondadosos que los dominicanos, sino porque en la urdimbre histórica de Suecia no hay actualmente gérmenes de fuerzas sociales capaces de producir un dictador como el de Santo Domingo.

Eso no quiere decir, como hemos oído a menudo en bocas de un realismo demasiado grosero, que los pueblos tienen los gobiernos que se merecen. Ningún pueblo merece un mal gobierno. Lo que sucede es que un mal gobierno no se produce espontáneamente; es el resultado de una infección del cuerpo social, un desdichado mal que en determinadas circunstancias favorables a su desarrollo, acaba tomando posesión del organismo colectivo. Pero no hay duda de que mientras ese organismo viva, o lo que es lo mismo, mientras el pueblo no haya perecido, puede recuperar la salud, vencer la enfermedad, retornar a ser lo que era y aun mejorar su antigua condición.

Para fines de estudio, los males sociales pueden ser aislados, analizados en sí mismos y en sus consecuencias, y esa tarea facilita que se les pueda combatir con buen éxito. Ahora bien, si no son aislados, analizados, estudiados, permanecerán ocultos en el cuerpo de la comunidad, aunque ésta se libre del régimen producido por esos males; y como "el pasado se parece al futuro como el agua se parece al agua", en tanto permanezcan agazapados en la carne del pueblo están llamados a recobrar su antiguo vigor y a producir los efectos que produjeron una vez.

Los dominicanos —y los latinoamericanos que saben o sienten que la República Dominicana es una parte de nuestra América, y que su destino se halla imbíbito en el destino del mundo americano— tienen que distinguir entre estas dos cosas: la lucha contra Trujillo y la revolución dominicana. La caída de Trujillo no es la revolución; más aún, podría no tener nada que ver con la revolución. La revolución consistirá en la aplicación de una serie de medidas, que antes de convertirse en medidas son —o deben ser— un cuerpo de ideas; y esas medidas tienen que dirigirse a la eliminación de las causas que han producido y sostenido el régimen trujillista.

Habrá medidas de carácter más o menos inmediato, llamadas a producir curas de urgencia en ciertos aspectos del orden social; ésas son las que figuran hoy en programas de grupos políticos y en los llamados "estudios" de sociólogos de encargo. Pero el caso dominicano reclamará medidas de tipo profundo, llamadas a cauterizar males que no se advierten fácilmente en el exterior de la sociedad dominicana. Esas tendrán que responder a viejas deformaciones del alma nacional, a problemas que se remontan a los orígenes mismos de nuestro pueblo.

En la historia simple que leen los escolares se dice que el régimen de Rafael Leonidas Trujillo comenzó en 1930. En un sentido estrictamente aparente, así sucede. Pero un régimen político no es un hecho aislado sino el fruto del árbol nacional. Es en las raíces del árbol donde hay que buscar la razón de que el fruto sea sano o enfermo, y a menudo hay que buscar en la tierra que alimenta al tronco y hasta en el agua que ayuda a formar su savia, en el hacha que lo malhirió o en el hongo que el aire llevó desde árboles vecinos.

Rafael Leonidas Trujillo, como encarnación de un régimen político que resulta sin ejemplo en la línea de las dictaduras latinoamericanas, es un fruto del árbol histórico dominicano. No hay fuerza que haya tenido importancia en la formación del pueblo dominicano, incluyendo en ellas la conquista española, que no tenga su parte en la aparición y en el sostenimiento de la dictadura trujillista. Sólo cuando estudiamos los más remotos y los más cercanos orígenes de esa dictadura y distinguimos con claridad cuáles son las fuerzas determinantes en su sostenimiento, podemos explicarnos su larga duración y la conducta del pueblo dominicano frente a ella.

Esa explicación es necesaria. Hombres cultos o incultos, mujeres de biblioteca y de su hogar, jóvenes luchadores y estudiosos, preguntan en Chile, en Cuba o en Guatemala cómo se explica que la dictadura de Trujillo no haya sido derrocada todavía por el pueblo dominicano. Aunque cronológicamente más corta que la de Porfirio Díaz en México y la del doctor Francia en Paraguay, la dictadura de Trujillo en Santo Domingo es sin duda mucho más larga que todas las que ha sufrido América, dado que ahora el tiempo no tiene la misma medida subjetiva que tuvo en el siglo pasado.

A los latinoamericanos, benditos pueblos que coronan su mundo de valores morales con el del amor a la libertad, la dictadura de Trujillo les parece eterna. No se explican su duración; no se explican su organización monolítica, su capacidad de exacción y su completa falta de sentido humanitario. Muchos de ellos no saben que lo que más les asombra es que un régimen como el de Trujillo se mantenga en medio de un mundo americano que está desplazándose a gran velocidad hacia etapas avanzadas de la convivencia democrática. La sensibilidad de nuestros pueblos sufre frente a la presencia del trujillismo en Santo Domingo un choque similar al que sufriría cualquier persona que viera aparecer de improviso en medio de una avenida llena de automóviles el largo pescuezo y la estúpida cabeza de un dinosaurio. El hombre rechaza por instinto lo anacrónico en la naturaleza física y social; sólo se lo explica en el mundo del arte, y la dictadura de Trujillo no es precisamente una obra de arte.

Como análisis de la historia dominicana y búsqueda de las fuerzas sociales que dieron origen al trujillismo y de las que han sido determinantes en su mantenimiento, este libro se ha escrito para ser útil al pensamiento político de mi país, pero también para explicar a los demócratas de la América Latina por qué el régimen dictatorial que encabeza Rafael Leonidas Trujillo ha durado treinta años y por qué es tan monolítico, tan explotador y tan carente de sentido humanitario.

Ojalá este estudio ayude a aclararlas ideas que hoy se tienen acerca del pueblo dominicano. Pues ese pueblo no merece la dictadura que está sufriendo. Los que no comprenden que la historia obedece a leyes insobornables pueden creer que es inerte, débil o inconsciente porque todavía no ha logrado liberarse sus opresores; y no es sino una víctima de males que tienen raíces viejas y profundas, y de fuerzas poderosas, a menudo originadas en lugares muy lejanos. Es un pueblo infortunado, pero digno de mejor suerte. Los efectos de sus males son hoy las causas de su infortunio, ignora que las causas de aquellos males están alojadas en sus propias entrañas.

Al cerrar esta introducción el autor quiere dar las gracias a la señora Ernestina de Romero por la cooperación que le prestó al transcribir de la cinta magnetofónica lo dicho en la Universidad Central de Venezuela sobre el tema de este libro; al compañero Ángel Miolán, por el trabajo que se tomó para que aquella conferencia fuera grabada; al compañero Julio César Martínez, por el entusiasmo que puso en proponer al señor Miguel Ángel Capriles la publicación de este trabajo en la revista *Elite*, primero, y en volumen después, y al propio señor Capriles por el calor con que acogió dicha propuesta.

JB

Caracas,
octubre de 1959.

EL ORIGEN PSICOLÓGICO

I
Origen de la deformación social dominicana

La deformación social del pueblo dominicano comenzó al nacer, con el segundo viaje de Cristóbal Colón. Con el segundo, y no con el primero, porque en su primer viaje —el del Descubrimiento— Colón tocó en la isla de Santo Domingo de manera fortuita. Habiendo llegado el 12 de octubre a Guanahaní, el Almirante se dirigió hacia el sudoeste y tocó tierra en la costa nordoriental de Cuba; después puso proa este franco, y el 5 de diciembre echaba el ancla en una bahía de la costa norte de la isla que el mismo bautizaría con el nombre de la Española. La Española se llamaría más tarde Santo Domingo, por extensión del nombre de la ciudad que fue la capital de la colonia.

Es cierto que al finalizar ese año de 1492 Colón fundó un fuerte en la propia costa norte de la isla, y que estableció guarnición en él.

Pero ese fuerte —que se llamó de la Natividad— no era punto de partida de una política colonial.

Lo fundó porque la "Santa María", una de las tres carabelas del gran viaje, había encallado; su tripulación no podía ser repartida entre las dos restantes, que no tenían capacidad para llevarla en el retorno a España, y como había que disponer algo para asegurarles protección a esos tripulantes sin barco, con los restos de la carabela encallada se levantó el fuerte y se dejaron en él cuarenta hombres, al mando de un Diego de

Arana y bajo los cuidados de un cacique llamado Guacanagarix.

El descubrimiento de Santo Domingo, ocurrido en ese primer viaje, fue un hecho fortuito.

De la misma manera que tocó en sus costas, Colón pudo haber ido a dar a otra isla o al continente, ya al norte, ya al sur. La fundación del fuerte de la Natividad fue otro hecho fortuito, e incluso su nombre —que no tiene nada que ver con el nacimiento de un mundo nuevo— resultó accidental; se le dio debido a que la *Santa María* se perdió el día de la Navidad de Nuestro Señor. La guarnición se estableció allí también por causas ajenas a la voluntad y a los planes del descubridor. Esa guarnición no tuvo papel en la conquista de la isla, pues fue asesinada a poco de haberse alejado Colón en dirección este, camino hacia España.

El pueblo dominicano nace en realidad con el segundo viaje del Almirante, y ya al nacer, como esas criaturas que traen la sangre envenenada desde el claustro materno, lo hace deformado por males sociales que habrán de prolongarse durante siglos, hasta culminar, mezclados con otros, en la persona y en el régimen de Rafael Leonidas Trujillo.

En ese segundo viaje el Almirante llegaba a conquistar y colonizar la isla. Tocó tierra el 27 de noviembre de 1493, al mando de una flota de diecisiete barcos y mil trescientos hombres, de los cuales mil percibían sueldo como servidores de un plan imperial. En esa flota llegaban funcionarios, sacerdotes, albañiles, agricultores, panaderos, herreros, carpinteros, picapedreros, y además unos trescientos voluntarios en los que abundaban los segundones pobres, los hijosdalgo arruinados, los buscadores de fortuna en tierras de un mundo virgen.

Con la conquista de la Española comenzó la conquista de América. Los historiadores toman muy en cuenta que don Cristóbal había sido nombrado "Almirante de la mar océana y de todas las tierras contenidas en él" y Visorrey de las Indias. Pero no se han detenido a pensar que quien cargaba con tantos títulos era un italiano del Renacimiento. Toda la pompa, el brillo, el gusto por los tronos y los palacios de principados y ducados, tan propio del Renacimiento italiano, debían bullir en el alma del descubridor. Pero también debía bullir en esa alma el vivo sentimiento de lo bello y lo original. La isla Española, con su mar de azul brillante y sus playas de blanca arena, con sus cadenas de montañas azules y sus valles poblados por árboles gigantescos, con sus arroyos de aguas apetitosas, sus frutas de olores fuertes, sus pájaros de colores chillones, debió parecerle al flamante Visorrey un lugar de sueño, creado por los dioses para que él pudiera fundar allí una casa que mantendría escudo y blasones durante todos los siglos venideros.

Y así fue. El Almirante decidió establecer en la Española la cabeza de un imperio que se anunciaba rico y dilatado. De ahí que en su segundo viaje llegara aviado de cuanto le pareció necesario para fundar en esa tierra la capital del imperio naciente. Y a fin de que allí quedara establecida para siempre su casa, llevó consigo a sus hermanos Bartolomé y Diego, al primero de los cuales dio el título de Adelantado.

Ahora bien, Colón era italiano y renacentista; pero España era España, un pueblo guerrero sobre una tierra pobre; un pueblo armado de orgullo y sentimiento religioso duro, que tenía siglos luchando contra los árabes y había formado su nobleza en los campamentos. En guerras tan largas es infamante no ser soldado, y lo es más todavía vivir a expensas del que guerrea. Comerciar, sembrar, pescar, pastorear, tejer, eran tareas de los pobres de espíritu, los incapacitados material o moralmente, y nadie podía aspirar a un título de hijodalgo o conde o señor de alguna valía si no lo ganaba descabezando enemigos. La nobleza era producto de un buen brazo para manejar la lanza o el espadón.

Los señores de ciudades y comarcas en la Italia del Renacimiento eran banqueros, navegantes, comerciantes. Génova, la tierra de Colón, como Florencia y como Milano, veía con toda naturalidad que el joven hijo de una casa blasonada casara con una plebeya; sólo se requería que la escogida fuera bella, y de ser posible, espiritual. En España no contaba la belleza sino el título, la sangre limpia y la seguridad de que en la familia de la desposada no había abuelos labriegos o comerciantes; pues el trabajo infamaba a quien lo ejercía, hasta varias generaciones más allá de él.

La mentalidad renacentista de los Colón concibió, con la fiebre propia de su raza, una cabeza de imperio situada en una isla exótica, de deslumbrante belleza tropical; pero la gente que debía poblar esa cabeza de imperio procedía de un pueblo guerrero, fanatizado y vencedor, que se organizaba socialmente sobre una escala de valores fundamentada en las virtudes propias de los campamentos. Aquella mentalidad y esta sociedad se mezclaron para producir un estado psicológico tan fuerte, que habría de marcar para muchos siglos el alma dominicana.

Los Colón eran productos típicos del Renacimiento italiano; los españoles que le acompañaban a la isla eran hombres del medioevo. Lo eran sobre todo los segundones sin bolsa, esos trescientos voluntarios que iban a la Española libremente, no como asalariados. Un grupo de estos fundó, en una orilla del gran valle de La Vega Real, la ciudad de Santiago de los Caballeros, llamada así porque treinta de sus primeros pobladores tenían títulos de tales.

Ya se sabe que el caballero español no trabajaba. La gran literatura española de la época enseña que además del trabajo, era igualmente infamante la pobreza.

Podemos imaginarnos, pues, a esos treinta caballeros, fundadores de una ciudad en las lejanas Indias, antes de que terminara el siglo XV, organizándose como un grupo endógeno, y arreglándoselas para adueñarse de tierras y de indios capturados en las escaramuzas, sin dar participación en la adquisición de bienes a nadie que no fuera de su casta.

Sobre la base de tierras apropiadas porque sí y de indios esclavizados debía desarrollarse lógicamente una sociedad de corte feudal, pero ello no sería privativo de la Española. Se sabe que con variaciones en los nombres, la economía americana descansó sobre el latifundio y la esclavitud y así se sostuvo durante siglos.

Lo que ofrece cierto carácter especial al caso de la Española es que desde el primer momento de la conquista llegaron allí gentes de la nobleza guerrera de la metrópoli; y que esas gentes se mantenían unidas lo demuestra que sólo en Santiago había treinta caballeros entre los pobladores iniciales, que no debían ser más de cien.

"Pájaros de la misma pluma vuelan juntos", afirma el refranero inglés. Los caballeros de la Conquista se mantuvieron unidos en la Española.

Esta formación de círculos selectos se produjo en otros lugares de América pero más tarde, y en ellos figuraron con frecuencia descendientes de hombres que habían llegado a las colonias como simples soldados. En la Española la división fue clara desde el principio de la conquista. Pero además en la Española esa división no tardó en ser acentuada, en forma intensa, con la creación de una corte virreinal, típicamente renacentista, con sus juglares, sus poetas, sus damas y caballeros, el esplendor y el boato del Renacimiento italiano transportados a una isla lejana, donde España empollaba un imperio.

En su segundo viaje, el Almirante se detuvo a levantar una ciudad en la costa norte de la isla. Se trataba de La Isabela, nombre dado en honor de la reina Isabel La Católica. La ciudad tuvo que ser abandonada poco tiempo después de establecida, porque la salubridad de la zona era bajísima. Todavía pueden verse en el sitio —que sigue llamándose La Isabela—, los sillares enterrados, las tejas rotas, las grandes piedras a medio aserrar; las señales de las faenas interrumpidas. Al abandonar aquella ciudad a medio hacer, don Cristóbal descendió hacia el sur, y fue dejando fortalezas a lo largo del camino. Su hermano, el Adelantado don Bartolomé, fundó en la costa del Caribe, junto al río Ozama, la Nueva Isabela, que debió ser abandonada a poco; y luego, frente a donde se hallaba la Nueva Isabela, erigió la ciudad de Santo Domingo de Guzmán.

Esta ciudad pasó a ser la capital de la colonia e incluso con el tiempo le daría su nombre a la isla, que acabó llamándose Santo Domingo. La situación de la capital no era la más adecuada. Se hallaba en la costa meridional, que no resultaba el mejor punto para comunicar con la metrópoli, aunque sí con Tierra Firme; estaba separada por una gran cordillera de montañas del gran valle de La Vega Real, la zona más fértil y de clima más benigno de toda la isla. Pero en las cercanías de Santo Domingo de Guzmán se había hallado oro, y ese hallazgo fue determinante para la selección del sitio donde debía establecerse la capital de la colonia.

De todas maneras, con localización apropiada o inapropiada, la ciudad de Santo Domingo quedó destinada a ser la ciudad de los Colón, el solar de su grandeza, y por tanto la cabeza del imperio que deberían gobernar los descendientes del "Almirante de la mar océana". Desde su nacimiento, pues, la capital de la colonia tuvo un aire imperial; y una ciudad imperial debía estar necesariamente poblada por gente de pro.

El viajero que llega a la capital dominicana puede apreciar en la parte más antigua de la ciudad y en las ruinas de conventos, iglesias y edificios públicos la planta de una población fundada para ser la réplica americana de Toledo. Entre todas las construcciones que se conservan ninguna tiene la gracia y el señorío del Alcázar de los Colón. Está asentado sobre una escarpa, en la ribera derecha del Ozama.

Una formidable muralla le protege de las crecientes del río. Sus duras piedras, ennegrecidas por el paso de los siglos, fueron labradas cuidadosamente, y en algunas se ve el encaje típico de las ventanas mudéjares que abundan en construcciones españolas de la época. Con su mezcla de líneas góticas y arábigas y la bien equilibrada asimetría con que comienza a distinguirse la arquitectura colonial en el primer cuarto del siglo XVI, el Alcázar de los Colón es un fruto americano del espíritu renacentista de sus dueños y de la súbita expansión de la mentalidad hispánica producida por el descubrimiento y la conquista de un mundo nuevo.

Ese Alcázar fue construido para palacio de don Diego, hijo primogénito del Almirante, homónimo de su tío Diego Colón. El don Diego del Alcázar había nacido en 1474 y heredó de su padre don Cristóbal el título de Visorrey de las Indias; y, en cierta manera, de sus tíos don Diego y don Bartolomé, que habían sido gobernadores de la Española antes del 1500, heredaba la gobernación de la isla. Este cargo se le reconoció a perpetuidad algún tiempo después, por mandato expreso del monarca don Fernando el Católico.

El apellido Colón había pasado a ser ilustre en todo el mundo occidental, de manera que el joven don Diego, que tenía dieciocho años cuando su padre descubrió el nuevo mundo, se hizo adulto en una atmósfera de grandeza y distinción que no había conocido en sus años mozos. Pero no hay que olvidar que, lo mismo que su padre, don Diego era producto del Renacimiento italiano, y tenía en sí mismo el amor al lujo, el señorío natural y la propensión a vivir en grande.

En la primera década del siglo XVI, apenas quince años después de haberse iniciado la conquista de América con el segundo viaje del Almirante a la Española, en esa isla situada en una esquina del hemisferio se acumulaban ya los factores que iban a determinar el nacimiento de una sociedad desviada de su orden natural: la indiada; sometida; los labriegos, soldados y artesanos del común, encima de esa indiada; los caballeros segundones de la metrópoli, separados de los dos grupos anteriores y resentidos por su pobreza, puesto que la isla no era rica en oro, como se pensó unos años atrás; y por fin, coronando las divisiones de indios y españoles, aparecía una corte virreinal, lujosa como las cortes del Renacimiento italiano, pero cerrada y orgullosa como las cortes de los guerreros españoles.

<h1 style="text-align:center">II</h1>

LA SOCIEDAD COLONIAL Y LA PSICOLOGÍA DE TRUJILLO

El valido de don Fernando el Católico era don Fradique de Toledo. En esos días, lo que equivaldría a un primer ministro de hoy se llamaba "el privado del Rey", y su poder era prácticamente tan grande como el del monarca. La sobrina predilecta de don Fradique de Toledo era doña María de Toledo, impropiamente llamada Duquesa de Alba por algunos historiadores. Por la posición de su tío, doña María resultaba una de las damas de más categoría de la corte española. A la mano de doña María aspiró el joven don Diego Colón; la obtuvo, y así aseguró su título de Visorrey de Indias y el de Gobernador perpetuo de la Española.

Don Diego llegó a la isla en 1509, y de inmediato ordenó la edificación del Alcázar, que debía ser escenario de la primera corte virreinal americana. Después de varias peripecias y dimes y diretes con las autoridades militares quedó terminado el Alcázar y doña María viajó desde España con un nutrido séquito de damas y caballeros. Partiendo hacia el sudoeste, a corta distancia del Alcázar, se levantaron los hogares de esa aristocracia imperial injertada en el nuevo mundo; y todavía la calle se conoce con el nombre de Las Damas.

La corte se montó a todo vuelo; pero era una corte virreinal encabezada por un italiano del Renacimiento, no por un rudo guerrero de Castilla, y en ella lucía una Toledo su esplendor de sobrina favorita del valido del Rey; de manera que por posición, por tradición y por inclinación, la corte que funcionó en el Alcázar de don Diego, en la pequeña isla del Caribe, resultó bullente de lujos, deslumbrante de joyas, títulos y ceremonias.

El lujo que se usaba en el Alcázar llegó a ser tan insolente que puso en peligro la tranquilidad y la economía de la colonia. Los colonos que tenían algunos bienes y linaje para justificar su presencia en esa corte, querían competir con los cortesanos de doña María; los que tenían bienes pero carecían de linaje, chismeaban y formaban partidos opuestos al partido del visorrey. La Española quedó dividida entre los que podían visitar el Alcázar a todo atuendo, y los que no podían. De los primeros, muchos se endeudaron y trampeaban para no faltar a las reuniones del Alcázar, y los memoriales de quejas llegaban hasta España; tan numerosos fueron que el rey acabó alarmándose y decretó que, con la excepción del séquito de la virreina, nadie en la Española podía usar brocados ni otras telas costosas.

Hacia 1515, pues, en la Española había gente de primera categoría, que podía vestir lujosamente, y gente que siendo de origen noble no pertenecía a esa primera categoría.

Con el andar de los años, esta división se acentuaría, y así como España tuvo ya en el medioevo nobleza "de primera" y nobleza "de segunda", el pueblo dominicano llegaría a estar formado por personas "de primera" y personas "de segunda", situación que persiste hoy, a la distancia de casi cinco siglos.

Con la muerte de don Diego quedó extinguida la corte virreinal. Pero el mal que colocó en la raíz misma del nacimiento del pueblo dominicano no se extinguió con la corte. Sucedió que la Española comenzó a empobrecerse y despoblarse tan rápidamente, que hacia 1550 era una colonia prácticamente abandonada. Hacia 1570 la población de la isla no era de más de treinta y cinco mil almas, lo cual supone unas

siete mil familias esparcidas en unos setenta y cinco mil kilómetros cuadrados.

Entre ese corto número de habitantes hay que contar indios y negros, pues la importación de esclavos había comenzado muy temprano en la Española.

La causa de la despoblación se hallaba en el descubrimiento y la conquista de territorios ricos en el continente.
En la Española se conseguía oro, pero escaso y de aluvión;
en México y el Perú el oro aparecía en jugosas vetas, y además de los metales había grandes poblaciones indígenas que
podían ser explotadas en labores agrícolas, ganaderas, de
tala y construcción.

El español hijodalgo o caballero de la época, de los cuales
los más habían ido a la Española, no podía denigrarse trabajando; y para obtener algún buen pasar en la isla había que
trabajar. Sólo se quedaron allí los colonos labriegos, artesanos
y pequeños mercaderes que podían ganarse la vida, aunque
pobremente, con el esfuerzo de sus manos; y aún entre estos,
los que tenían con qué irse, se fueron.

Pero la gente de alcurnia que no podía viajar, permaneció
en la Española; y permaneció con sus virtudes y sus vicios.
Uno de los vicios sociales que ya había tomado carta de naturaleza en el país era la división en castas; de manera que las
escasas personas de algún linaje que se quedaron, siguieron
alimentando el mal.

Por otra parte la despoblación de la Española no significó
un descenso de categoría de la colonia a los ojos del Trono. En
la Española se había establecido en 1511 la Real Audiencia
de las Indias, y además de los oidores y magistrados que servían ese alto tribunal hemisférico, tenían que vivir en la colonia los funcionarios del Real Tesoro, dos obispos, el gobernador de la isla y sus delegados, los alcaides y los alcaldes mayores.
Los dignatarios del Estado siguieron llegando a la Española,

y ellos sustituían, en cierta importante medida, a los desaparecidos virreyes, puesto que mantenían vivo el sentimiento de la importancia de algunas personas en medio de una población empobrecida.

A mediados del siglo XVI ya había en la Española tres líneas divisorias claras entre la masa de habitantes: la que separaba al grupo endógeno de primera categoría de aquellos que, teniendo linaje, habían perdido, por su pobreza, el derecho a figurar entre los funcionarios estatales y descendientes de los cortesanos de don Diego; la línea que dividía este grupo de segunda categoría del común de los colonos, gente de trabajo, labriegos, comerciantes menores, artesanos y soldados; y por último, la línea que dividía a este último grupo de indios y negros esclavos.

Con el tiempo, cuando el exterminio de su raza hiciera desaparecer a los indios, y cuando las vicisitudes históricas hicieron desaparecer la esclavitud, los restos de indios y de negros se confundirían social y racialmente con aquella porción de labriegos, artesanos y soldados que acabarían formando la gran masa del pueblo; de manera que poco a poco la población fue quedando dividida en gente "de primera", gente "de segunda", y gran masa sin situación en el orden social.

El empobrecimiento general se acentuaba a medida que pasaban los años y a medida que la política colonial de los Habsburgo se enfrentaba a la hostilidad de sus enemigos extranjeros. La isla Española, convertida en base virtual de la piratería, se dejaba librada a su suerte. Pero siguió siendo solar de la Real Audiencia de las Indias hasta 1777, año en que la Audiencia perdió su autoridad sobre Costa Firme.

Es una ley conocida que los grupos endógenos aumentan su poder de mineralización cuanto más difícil resulta su sostenimiento. Esto quiere decir que a mayor pobreza del medio, más recalcitrantes se hacían en la Española las familias "de segunda"; y como seguían llegando a la isla altos funcionarios de la metrópoli, el grupo endógeno de gente "de primera" debía esforzarse en mantener su aislamiento, para asegurarse así la exclusividad de relaciones con esos altos funcionarios de España.

Esto explica que cuando la Española comenzó a renacer bajo el reinado de los Borbones, ya avanzado el siglo XVIII, la tradición de separación en familias "de primera" y familias "de segunda" tenía más de dos siglos; había arraigado fuertemente, y se correspondía en cierto sentido con la división entre oligarquías terratenientes y ricas y masa del pueblo que se daba en otras regiones de América. Decimos que en cierto sentido, porque en Santo Domingo había tres grupos: los "de primera", los "de segunda" y el pueblo propiamente dicho. Y resultaba que la pugna no se libraba entre los "de primera" y el pueblo, sino entre los "de primera", y los "de segunda". Pero además sucedía que la gente "de primera" no correspondía a una oligarquía terrateniente y ni siquiera a una determinada posición económica. Con el gradual y prolongado empobrecimiento de la isla, que había durado doscientos años, prácticamente todas las familias habían descendido a la pobreza. Durante ese lapso, los "de primera" se mantuvieron en su círculo por tradición familiar; descendían de aquellos que llegaron en el séquito de doña María de Toledo, o de los que vinieron de España más tarde como altos funcionarios. Era muy posible que una de esas familias "de primera" viviera en una casa pobre, sin ajuar, y aun que no tuviera ropas suficientes; pero pertenecía al grupo "de primera" por tradición, y aunque mantuviera amistad, aún estrecha, con una familia "de segunda", no tendría relación con ella en un acto público, en un sarao y ni siquiera en la iglesia.

Los puntos de vinculación normales en un país americano quedaron de hecho disueltos en la Santo Domingo de los siglos XVII, XVIII y XIX. Con la excepción de la última mitad del siglo XVIII, en que hubo un florecimiento económico bastante acentuado, las demás épocas fueron de pobreza; una pobreza mayor, desde luego, antes de ese florecimiento, y relativa después. Pero ni aún en ese lapso de desarrollo de la riqueza pudo el país organizarse sobre bases de grupos sociales estables que se apoyaran en su potencia económica, porque los acontecimientos en que se vio envuelto el pueblo a resultas de las guerras de España con otros reinos y la rebelión haitiana, entre fines del siglo XVIII y principios del siglo XIX, impidieron la fijación de la masa nacional en órdenes económicos.

Ni siquiera figuraba en la tabla de valores dominicana la organización civil y religiosa de la familia, pues frecuentemente las familias se formaban sin el vínculo matrimonial, por simple unión, y esto sucedía tanto en las familias "de primera" como en las "de segunda". Ni hubo división racial, puesto que las razas fueron mezclándose en medio de la pobreza general.

Lo único que perduró fue la división en castas. Se podía ser rico o pobre, mestizo o blanco, y ser, sin embargo, "de primera"; se podía ser igualmente rico o pobre, mestizo o blanco, y ser "de segunda". Y por ninguna razón se cambiaba de casta, y por ninguna razón se admitía entre los "de primera" a uno de "segunda". La división fue lo único permanente, a lo largo de todos esos siglos, en el orden de la organización social; y la división persiste hoy, más allá de la mitad del siglo XX, como si fuera una característica congénita del pueblo dominicano.

Como una expresión del poder económico, y en cierto sentido también político, en el conglomerado dominicano fue apareciendo un pequeño núcleo, seguramente formado en esa segunda mitad del siglo XVIII en que hubo un florecimiento de la riqueza, compuesto principalmente por comerciantes y dueños de tierras, que acabó siendo identificado por la masa con el sobrenombre de "dones". Los dones eran escasos, lo que les impedía formar círculos. Generalmente eran respetados en forma natural por la gente del pueblo, y sus consejos eran tomados muy en cuenta por los gobernantes. Pero habitualmente no actuaban en política.

Los "dones" se dedicaban sobre todo a la agricultura, el comercio y la ganadería; y poco a poco, a medida que se acentuaba el siglo XIX, y sobre todo en sus postrimerías y en los primeros treinta años del siglo XX, las familias "de primera" fueron aliándose a los "dones"; de manera que a principios del siglo actual parecía que iba a producirse una definición económica de las castas, que frustró la tiranía trujillista.

Para quien no haya conocido el tipo de división que ha sufrido el pueblo dominicano durante casi cinco siglos, es difícil, si no imposible, comprender en qué medida esa división deformó el alma de Rafael Leonidas Trujillo, hijo primero de una familia "de segunda"; qué violencias hizo surgir en esa alma la humillación personal y familiar que padeció, en sus años mozos, por el hecho de haber nacido "de segunda", y cómo esas violencias fueron organizadas por el joven Trujillo para vengarse del medio social que le humilló.

La psicología enfermiza de Rafael Leonidas Trujillo, su afán de hallarse por encima de todos los dominicanos, tuvo su origen en esa división entre gente "de primera" y gente "de segunda", que implantó en el país, a principios del siglo XVI, la corte virreinal, renacentista e hispánica, de doña María de Toledo.

III
Trujillo y la división en gente "de primera" y gente "de segunda"

Rafael Leonidas Trujillo era ya jefe del Ejército dominicano —en esa época llamado Guardia Nacional— cuando solicitó ser miembro del Club Unión de la Capital. Se le echó "bola negra", afrenta imperdonable, sobre todo en hombre de su organización psicológica.

¿Qué significa en Santo Domingo "echar bola negra"? Significa negarle a una persona el derecho a frecuentar los salones de un club, porque no pertenece al grupo social "de primera". El acto de "echar bola negra" equivale a declarar públicamente que quien ha recibido tales "bolas negras" está manchado, es una especie de apestado moral; alguien que no puede codearse en público con la gente importante de la ciudad —y de todo el país—. Su mujer, su hermana, su novia, será vista por encima del hombro, desdeñosamente, por las mujeres de alcurnia; no se le recibirá en ninguna fiesta, sarao o reunión de gentes "de primera"; sus hijos podrán ser compañeros de escuela y hasta de juegos de otro niños, hijos de familias de linaje, pero no podrán figurar con ellos públicamente en reuniones sociales.

Trujillo, jefe del ejército, que tenía en sus manos un poder real —el poder de las armas, en un país donde sólo el ejército tenía armas—, era uno de esos manchados, apestados, marginados por el grupo de familias distinguidas.

Trujillo había nacido "de segunda" en una pequeña villa cercana a la capital dominicana. Habiendo nacido "de segunda", él no tenía derecho a ser admitido entre los "de primera", ni en la capital ni en su villa natal ni en ninguna de las ciudades de Santo Domingo. El autor de este libro recuerda un hecho ocurrido hacia 1929, un año antes de que Rafael Leonidas Trujillo tomara el poder. El autor se hallaba en la ciudad de La Vega; paseaba en el parque Central, una noche a hora temprana, mientras en el club de la ciudad, que se hallaba frente a una de las esquinas del parque, la gente "de primera" celebraba un sarao bailable. De pronto, por entre los paseantes corrió la noticia de que Trujillo se hallaba en la ciudad; que había pedido autorización para ir al baile del club y que se le había negado la entrada. Los jóvenes intuíamos que el jefe del Ejército no podía pasar por alto tal afrenta.

Pues "echar bola negra" tiene carácter afrentoso, y generalmente así se entiende. Puede haber o puede no haber consideraciones de índole moral a la hora de juzgar si un aspirante a miembro ser aceptado entre el grupo "de primera"; pero lo habitual es que se le rechace simplemente porque es "de segunda", por su origen humilde, por que ha hecho trabajos manuales en alguna época de su vida, porque ha sido en alguna ocasión sastre, zapatero, pulpero. Ahora bien, un joven o un señor "de primera" puede establecerse como sastre, zapatero o pulpero, y seguir siendo "de primera".

El mecanismo que permite mantener la división es el siguiente: en cada ciudad del país, aún en municipios tan pequeños que de hecho no han pasado de la categoría de aldea, hay un centro o club donde las familias "de primera" celebran saraos y bailes. De ordinario el club es también casa de juego; se juegan cartas y billar, y casi todos tienen una pequeña biblioteca para el uso de los miembros que prefieren la lectura al juego. En ningún club falta la cantina, es decir, la venta de licores.

El club tiene su junta directiva; y cuando alguien presenta solicitud de miembro la directiva determina si el solicitante merece el honor de ser sometido a la aprobación de la asamblea de miembros del club. Normalmente hay solicitudes cuando grupos de ocho o diez o quince jóvenes hijos de miembros llegan a los dieciocho años y dejan de ser automáticamente "hijos de socios", una clase especial que mantiene dividida a la infancia en cada ciudad entre los niños que pueden ir a las fiestas infantiles del club, porque provienen de padres "de primera", y los que no pueden asistir a tales fiestas. Haga el lector, de paso, un esfuerzo para imaginarse cuánto sufren ciertos niños "de segunda" con calidad mental y psicológica alta, soportando en la escuela las burlas de sus compañeritos "de primera". Al abrirse, pues, la época de solicitudes, lo que debe hacerse cada año para dar entrada a los "hijos de socios", se admiten peticiones de aspirantes.

Estas no son abundantes, pero nunca falta en cada ciudad alguien que desea pasar de su condición de hombre "de segunda" a la "de primera". Ya se trate de un recién graduado de abogado o médico, que quiere moverse en el círculo de la gente distinguida; ya de un extranjero o un criollo forastero que se ha casado con una joven "de primera" y que necesita alternar en el círculo natural de su mujer; ya de alguien que ha conquistado, a base de esfuerzos y de mantener una vida limpia, una posición económica, política o profesional. La junta o comisión directiva del club recibe esas solicitudes, rechaza unas, somete otras a la aprobación de la asamblea de miembros. Una sola "bola negra", es decir, un voto negativo en la asamblea, implica el rechazo de la solicitud. Normalmente, si el número de "bolas negras" no ha subido de cinco —en algunos lugares, de tres—, el aspirante tiene derecho a someter nuevas solicitudes, hasta tres en total. Al ser rechazado tres veces queda condenado para toda la vida a ser "de segunda".

Entre todos los clubs del país hay un acuerdo para que nadie pueda burlar el aislamiento del grupo "de primera", lo que quiere decir que nadie puede presentar solicitud en otro club si ha sido definitivamente rechazado en uno de ellos.

Ahora bien, hasta los años de la década del treinta, cuando ya Santo Domingo se hallaba bajo la garra de la dictadura trujillista, la República Dominicana era primordialmente un país de economía colonial. Había pocas industrias, y la más importante —la del azúcar— no era de carácter nacional ni por su extensión, ni por los capitales ni por sus directores. Santo Domingo tenía sobre todo una producción agrícola y ganadera, de manera que las ciudades y los pueblos vivían esa etapa lánguida normal en las sociedades de escaso desarrollo. Salvo las conmociones revolucionarias que se produjeron en los primeros veinticinco años de la vida de Rafael Leonidas Trujillo, los temas de preocupación y de charla del vecindario en cada uno de los villorrios eran de carácter personal: un vecino conocido había muerto; había nacido un niño al matrimonio tal; Fulano vendió su caballo; la hija de Zutano estaba en cortejos con Mengano. En un ambiente así había un placer especial en comentar cuanto pudiera ser mortificante o denigrante para alguien: el matrimonio que tuvo hijos a los cinco meses de la boda, el marido burlado, el que había perdido su cargo público, el empleado despedido por manejos turbios, eran temas apasionantes en las pequeñas ciudades; y entre ellos, especialmente entre los grupos "de primera" y "de segunda", ninguno se prestaba a tantas burlas sangrientas como la "bola negra" que le "habían echado" a fulano. Debido a la trabazón que tenían entre sí los grupos "de primera" de todo el país, la noticia de "la bola negra" iba de villorrio en villorrio, de ciudad en ciudad, y recorría el ámbito nacional en los círculos "de primera" y "de segunda" en tiempos sorprendentemente cortos. De manera que cuando al jefe del

Ejército se le negó acceso a un baile del Casino Central de La Vega, el país lo supo en tres días; y cuando se le "echó bola negra" en el Club Unión de la Capital, lo supo en menos tiempo. Rafael Leonidas Trujillo, hombre sensible a tales insultos, no olvidó la afrenta. Por otra parte, en lo enfermizo de esa sensibilidad debió jugar un papel importante la humillación a que fue sometido en su infancia y en su primera juventud por el hecho de ser "de segunda", según lo denuncia su insistencia en ser admitido entre la gente "de primera".

Dado que Trujillo era jefe del Ejército, situación clave en un país latinoamericano, ¿era cuerdo negarle entrada en el Casino Central de La Vega así como echarle "bola negra" en el Club Unión de la Capital?

Admitamos que hubiera razones morales, puesto que se rumoraba que no era hombre de conducta limpia. Pero he aquí que entre los miembros de los cuarenta o cincuenta clubs del país había gente de toda laya; los había que habían cometido asesinatos, robos, estupros; que habían cumplido alguna parte de su sentencia. Y esos hombres, una vez libres, volvían a frecuentar los clubs "de primera" como si nada hubieran hecho. Pues el privilegio de casta jamás se pierde. Un joven disoluto, borracho, estafador, jugador, agresivo y hasta ladrón, es admitido como socio de los clubs de todo el país si es hijo de una familia "de primera"; pero un hombre honesto, luchador, inteligente, buen hermano, buen hijo, buen ciudadano, buen amigo, no es admitido si procede de origen humilde o ha realizado trabajos de poca categoría. Luego, en los frecuentes rechazos que padeció Rafael Leonidas Trujillo, la razón no era de tipo moral; se le rechazaba para no darle acceso al grupo endógeno "de primera".

Claro que la persistencia de Trujillo en pasar de la categoría "de segunda" a la "de primera" indica hasta qué grado era una naturaleza no evolucionada y un arribista típico. El autor de este estudio no es "de primera" ni podrá serlo nunca, porque su padre, un inmigrante catalán, había comenzado su vida en Santo Domingo como albañil, y había pasado a ser luego pequeño comerciante, antecedentes que le hubieran impedido ser admitido como miembro del Casino Central o de su doble, el Club Camú de La Vega. Pero ni el padre catalán ni el hijo dominicano, hoy sin nacionalidad legal, tuvieron jamás la peregrina idea de ser gentes "de primera". Debido a su retrasada calidad psicológica, Trujillo sí lo deseaba, y es lógico que en los pueblos haya hombres como él, especialmente si la atmósfera social está tan torcida y enferma como lo estaba la de Santo Domingo cuando el joven Trujillo crecía, lleno de ambiciones que el propio ambiente nacional estimulaba.

En todos los centros poblados del país ocurrían casos lamentables de rechazos y de abusos por parte de la gente "de primera" contra personas apreciables "de segunda" que aspiraban a entrar en el grupo "de primera".

Todos los dominicanos conocemos el caso típico de cada ciudad. En La Vega, por ejemplo, sucedió el de un comerciante, cuyo nombre no debe figurar aquí. El autor recuerda vivamente a ese comerciante, de tipo italiano clásico; el pelo, las cejas y los ojos, negros y brillantes; la piel de un rosado vivo; la nariz larga y bien hecha; hombre cuidadoso en el vestir, delgado, de camisa luciente cada día. Había llegado a la ciudad de una población vecina; se estableció en una pequeña pulpería de barrio; ganó dinero y poco a poco fue mejorando su comercio. Al cabo de seis o siete años, cuando debía andar por la treintena, el pulpero mudó su negocio frente a la llamada Plaza del Mercado; ocupó uno de los puntos de mayor importancia comercial de La Vega, en un edificio grande, de ladrillos; y ya su negocio no era una pulpería, sino una tienda en grande, que vendía telas finas, zapatos importados, perfumes, y que ocupaba cuatro o cinco empleados.

El dueño vestía bien; era naturalmente elegante y sabía llevar el bastón y el amarillo sombrero de paja japonesa y la corbata negra.

Compró automóvil y tenía chofer. Del pueblo donde había nacido vinieron a hacerle compañía dos hermanas. Tal como las recuerda el autor, eran jóvenes, de dieciocho y veinte años tal vez; y las dos bellísimas. Una de ellas, sobre todo, había traído al mundo la gracia del movimiento, la finura en los gestos. Su sonrisa era deslumbrante; los ojos, color de uva verde, eran enormes, y resultaban desconcertantes en medio de una tez de color dorado y bajo una viva y espesa cabellera leonada.

Hombre correcto, que sabía halagar a todo el mundo, que llevaba vida decente, que se había labrado una posición económica importante, el comerciante quiso situar a sus hermanas en el ambiente que creyó apropiado para su situación; y solicitó ser miembro del Casino Central. Fue rechazado. A poco comenzaron a visitarle jóvenes, señoras y señores "de primera", que iban a su comercio a tomar mercancía al crédito a cambio de insinuarle su "bola blanca" para la solicitud del próximo año. Comprometido a insistir, para dominar el ridículo, el hombre iba accediendo. Cuando los mozalbetes "de primera", holgazanes y borrachos, descubrieron la debilidad del aspirante, comenzaron a pedirle dinero prestado, a tomarle bebidas al fiado, a ofrecerle su respaldo para que fuera aceptado en el club tan pronto solicitara; y llegaron, en los meses precedentes a la época de la solicitud, a llevarle a los barrios bajos de la ciudad, donde naturalmente él pagaba el ron, la comida y hasta las mujeres. Presentó la solicitud por segunda vez, y tuvo "bola negra". Los mozalbetes "de primera", pobretes que no podían pagar sus juergas, no iban a perder la mina encontrada.

Puesto en ese camino, el tercer año el negocio anduvo manga por hombro; las fiestas de mala ley, que antes habían sido semanales, pasaron a ser interdiarias y hasta diarias; el comerciante fue acostumbrándose a beber, a frecuentar mujerzuelas; y su negocio se desangraba, puesto que de hecho mantenía a una docena de disolutos, que de noche festejaban y de día dormían a pierna suelta, y porque además muchas empingorotadas familias "de primera" compraban, sin pagar, la comida y la ropa en el comercio del aspirante, a cambio de un respaldo que no se había producido ni se produciría jamás.

Para las gentes "de primera", arruinar económica, física y moralmente a aquel hombre era una hazaña, puesto que había aspirado a codearse con ellos, y eso lo exponía al ludibrio, a la venganza de un grupo endógeno, que se amurallaba en su odio al aspirante para justificar su impudicia. Después del tercer rechazo, aquel hombre quedó deshecho. Se presentó de improviso la gran crisis de 1929; fue su negocio a la quiebra; a él se le veía, un año después, andrajoso y barbudo, trastabillar borracho por los barrios bajos; y de sus hermanas, la de los ojos color de uva se refugió en el matrimonio. Casó con un campesino, y ahora debe estar criando nietos en un bohío de las montañas, seguramente sin más calzado que la chancleta, los hermosos ojos verdes arruinados por el humo de la leña en la mísera cocina, y aquella viva cabellera leonada destrozada por el maltrato y manchada por las canas.

IV
La venganza de un hombre "de segunda"

Rafael Leonidas Trujillo no tenía la contextura psíquica del comerciante de La Vega. El jefe del Ejército cumplía treintisiete años cuando se le negó la entrada en el club de la ciudad que por esos días veía la ruina de aquel comerciante. A esa edad, a pesar de su cargo, Trujillo no era todavía una "persona importante". Pues para ser "importante" en Santo Domingo se requería ser "de primera" y tener poderío económico. Aun hoy, Trujillo divide a los dominicanos en "importantes" y gente "sin importancia", y Trujillo los divide así por que ése es un criterio generalizado en el país.

Como es lógico, esta actitud implica un desconocimiento casi absoluto, de la importancia integral del hombre, trátese de quien se trate.

En Santo Domingo la gente es "importante" o no lo es, criterio que hay que tomar en cuenta a la hora de juzgar las causas del largo mantenimiento de la tiranía.

Cuando un dominicano produce la palabra "sociedad", y más específicamente cuando dice "sociedad dominicana", no está refiriéndose al pueblo, al conjunto de seres humanos que pueblan el país; está refiriéndose a la gente "de primera".

Algunas especifican más diciendo, refiriéndose a alguien, que es "de la primera sociedad"; pero en general se dice de Fulano que "es de la sociedad dominicana", lo cual no significa que es dominicano, sino que es hombre "de primera".

Por el sólo hecho de pertenecer a eso que en Santo Domingo llaman "sociedad", ya un hombre tiene cierta importancia, pero no es "importante" si además no dispone de bienes o influencias.

Los que no pertenecen a la "sociedad" son gente "de segunda" y pueblo llano, grupos a los que no hay por qué tomar en cuenta para nada. Recuérdese que aunque era ya jefe del Ejército, en 1929, un año antes de tomar el poder, Trujillo no era "de la sociedad" y por tanto no podía ser "importante". Negarle importancia al jefe del Ejército no podía ser sino el resultado de una mineralización de conceptos basados en una división insensata que no tenía bases económicas, culturales, raciales o de otro tipo. Ya por esa época, un grupo de arribistas, oportunistas y pícaros de la gente "de primera", especialmente en la capital del país, rodeaba a Trujillo y lo estimulaba en sus aspiraciones a ser reconocido como hombre "importante", lo que implicaba ser previamente admitido entre los grupos "de primera".

Ahora bien, en la naturaleza psíquica de Trujillo, que venía deformada desde la infancia por las humillaciones recibidas debido al hecho de haber nacido "de segunda", negarle importancia era algo imperdonable. Psique violenta, tempestuosa, la de Trujillo no estaba organizada según los principios que impone la convivencia. La frontera entre lo que le ordenaba hacer su deseo de venganza contra esos que le humillaban, y lo que debía hacer como ciudadano, era sumamente débil; sólo había un factor intelectual, que obraba como si fuera de índole moral, capaz de evitar que la tempestad psíquica de Trujillo se desbordara sobre aquellos que le negaban importancia y le humillaban "echándole bola negra" o negándole acceso a los salones "de primera": era la conciencia de que su poder como jefe del Ejército tenía un límite, porque además de jefe del Ejército sería jefe del Estado, la violencia de su alma rompería los diques; saltaría la frontera entre su necesidad de vengar las humillaciones y sus deberes de convivencia, y en lugar de un gobernante preocupado por organizar al pueblo y dirigirlo hacia su desarrollo ciudadano, de manera que pudiera superar esa estúpida tradición divisionista, se convertiría en un hombre que pudiera decidir quién debía ser "importante" y quién "de primera". En vez de dejarse derrotar, como el comerciante de La Vega, él aplastaría a sus oponentes.

Aparte de los industriales del azúcar, en su mayoría norteamericanos, los banqueros, norteamericanos e ingleses, y los grandes comerciantes españoles, de cuya existencia apenas se daba cuenta el pueblo —por lo menos, en el orden político—, la escasa riqueza criolla se hallaba en manos de los "dones", terratenientes, ganaderos y comerciantes, con su inevitable grupito de prestamistas al diez por ciento mensual. El sector de los "dones" se había visto reforzado durante la dictadura de Ulises Heureaux, muerto a tiros en la ciudad de Moca en julio de 1899. Bajo el régimen de Heureaux se consolidaron y se ampliaron los latifundios; el dictador apoyó en grado notable la estabilidad de su gobierno en amigos a quienes dio carta blanca para que se convirtieran en latifundistas, y en cada región del país hubo dos o tres amigos de Heureaux que se repartieron las mejores tierras. Entre 1900 y 1930, los hijos y los herederos de aquellos latifundistas creados por Heureaux formaban el mayor núcleo de "dones".

Siendo hijos de latifundistas, los nuevos "dones" podían pasar a ser gente "de primera". Pues en el concepto medieval de los conquistadores españoles era deshonroso trabajar, pero no era deshonroso explotar el trabajo de otros. Más aún, los títulos de nobleza concedidos en los campamentos implicaban automáticamente señorío sobre tierras y hombres. Ese criterio, trasplantado a Santo Domingo con el segundo viaje de Colón, tenía toda su vigencia en la República Dominicana en pleno siglo XX. De manera que los que nacieron latifundistas, porque heredaron a los terratenientes creados por la dictadura de Heureaux, no tenían la mancha original de haber realizado trabajos humildes; eran económicamente poderosos y podían ser "de primera", aún habiendo sido sus padres o sus abuelos gentes "de segunda".

Este fenómeno de transmigración de castas estaba realizándose cuando Trujillo tomó el poder, y de haberse producido en forma normal hubiera acabado dotando de base económica a la división de castas en Santo Domingo, con lo cual el país, con un siglo de atraso, hubiera entrado en una etapa parecida a la de Venezuela cuándo a principios del siglo XIX se hallaba claramente dividida entre aristócratas terratenientes y masa del pueblo.

Ahora bien, Trujillo no era terrateniente ni hijo de terrateniente; él mismo había realizado en su juventud trabajos considerados humildes en el país. Había sido telegrafista, jefe de orden en un ingenio de azúcar, y probablemente había desempeñado otros empleos de esos que la gente "de primera" consideraba infamantes. Su necesidad de ser "importante", que era un hambre voraz en su alma, le indicaba que debía ser rico a toda costa. Pero rico en forma indudable, en tal medida que nadie pudiera poner en duda su poderío económico; el más rico del mundo, y de ser posible, más que todos.

Esa necesidad enfermiza de tener una fortuna apabullante sólo se explica en quien haya crecido en un ambiente donde ser pobre resulte humillante; donde trabajar con las manos o en empleos subalternos sea deshonroso. Obsérvese que el ansia de dinero de Trujillo no tiene relación, como sucede en países normales, con el propósito escueto de destacarse entre los demás como un capitán de empresas o con el más habitual de asegurarse los placeres que se compran con dinero y la estabilidad personal y familiar que da una buena cuenta bancaria. En el caso de Trujillo, la posesión de dinero en cantidades abrumadoras está íntimamente relacionada con su necesidad vital de disponer de recursos contra la gente que le humilló por haber nacido "de segunda" y por no haber sido "importante", y en segundo lugar con la necesidad de luchar contra los que pueden arrojarlo del poder, esto es, contra los que pueden quitarle su "importancia".

Como todos los hombres dotados de una ambición descomunal, Rafael Leonidas Trujillo tuvo desde niño el instinto del poder del dinero. En Santo Domingo se llama "papeleta" al billete de banco. Cuando Trujillo tenía unos catorce años, un familiar le regaló una yegua. El nombre con que la bautizó su juvenil dueño fue "Papeleta". A eso de los veinte años, Trujillo, que se había casado —primero de sus tres matrimonios— a los diecinueve, tuvo una hija, la bautizó Flor de Oro. Para un niño nacido y crecido en una villa rural, una yegua era un tesoro; en el caso de Trujillo, que ha mostrado en sus años de poder tanta inclinación a los buenos caballos, la yegua que recibió en obsequio a los catorce años debió ser un bien deslumbrante. Y ese bien fue llamado "Papeleta", esto es, billete de banco. Para un mozo de veinte años, tener una hija es un acontecimiento; y en Trujillo, que ha probado querer a sus hijos en forma violenta y desordenada, al extremo de imponerlos como herederos de un monarca oriental, el nacimiento de su primera hija debió llenarlo de satisfacción. Y esa hija fue llamada Flor de Oro. No se necesita tener ciencia psiquiátrica para deducir en qué forma desmesurada el subconsciente de Trujillo se colmaba con la voluntad de tener fortuna.

Sólo con fortuna podía el niño Trujillo, primero, el joven Trujillo, después, disipar esa amargura colérica que le producía haber nacido "de segunda" y pobre, dos causas de humillación social que el pueblo dominicano había recibido como herencia de sus conquistadores. Cuando, diecisiete años después de haberle nacido su primera hija, comprobó que no le bastaba haber alcanzado una posición tan importante como la de jefe del Ejército para salvar la distancia que le separaba de la gente "de primera", ya no era pobre aunque sus bienes no lo destacaban entre los ricos del país; tenía algún dinero, hecho al amparo de sus cargos militares, y sin embargo ese dinero no le daba categoría para pasar a ser "de primera" ni "importante". Dentro de su manera peculiar de ver las cosas, primitiva y violenta, tenía necesariamente que convertirse en el más rico de todos los dominicanos y el hombre más poderoso del país. Así aplastaría a los que le humillaban.

Claro que la necesidad de ser poderoso y a la vez importante no determinó en Trujillo el propósito de ser dictador. Este deseo se hallaba en su naturaleza psíquica. Lo que hizo aquella necesidad fue dar matices peculiares a su voluntad de poder político. La ambición de ser líder es normal en personas de todos los pueblos y en todas las civilizaciones, y Trujillo la trajo al mundo. Antes que él la habían tenido muchos dominicanos; algunos la satisficieron, y fueron jefes de partidos, presidentes de la República. Lo que sucedió en el caso de Trujillo fue a su ambición resultó deformada por la deformación del medio social, por una deformación que tenía su primera causa en los vicios llevados a Santo Domingo por los conquistadores. Trujillo pudo haber sido incluso un dictador, como lo habían sido otros en su país y como lo fueron y lo serían tantos en América. Pero un dictador tan duro, tan inhumano, tan físicamente necesitado de oro, tan violentamente necesitado de aplastar y humillar a quien se le enfrentara, eso sólo podía serlo porque la sociedad en que creció llenó su alma infantil, primero, y juvenil, después, de humillaciones imperdonables, por el delito de haber nacido en un hogar "de segunda" y económicamente modesto. En otros capítulos explicaremos cómo procedió Trujillo para convertirse en el dueño del país; en éste, para terminar lo relativo al daño social creado por la división de castas, debemos decir que tan pronto Trujillo afianzó su poder político sobre el país, hizo disolver el Club Unión de la Capital, donde se le había "echado bola negra" y estableció en su lugar el "Club Presidente Trujillo". De esa manera, los que le habían rechazado quedaban sometidos. Para seguir siendo "de primera" en la capital de la República, había que ser miembro del único centro que funcionaba: el "Club Presidente Trujillo". Y como ese grupo "de primera" había desarrollado, igual que las abejas, un hábito gregario del cual no podía librarse, le era imposible vivir sin su club; sin el lugar donde los jóvenes se corrompían con el juego de azar, la bebida, el comentario chismoso de cada día; el sitio donde las mujeres lucían trajes de seda en el baile y las jovencitas iban a recibir galanteos. La gente "de primera" de la Capital, pues, pasó al "Club Presidente Trujillo", y los clubes de este nombre no tardaron en multiplicarse por el país, en sustitución de los que antes le cerraron las puertas al dictador. Por último, uno tras otro, cada club acabó nombrando a Trujillo presidente de honor, y él acabó convirtiéndose en el hombre que podía decir quién merecía ser miembro de "sus clubes" y quién no; en definitiva, de él dependería en lo sucesivo poder ser "de primera" o "de segunda".

Hizo más Trujillo: creó los llamados "clubes juveniles" bajo el nombre de su hijo Ramfis, que en esos años era un infante de cuatro o cinco; con lo cual no sólo determinaba que él fuera el árbitro de la llamada "sociedad dominicana", sino que imponía a su hijo, desde sus más tiernos años, como el árbitro de las nuevas generaciones. Su venganza no se detenía en el límite de su vida; iría más allá: la dejaría en herencia a su hijo y a sus nietos.

Como, dadas su naturaleza íntima y su escasa cultura, Trujillo confunde al pueblo dominicano con él, lo que importaba al dictador no era liquidar la tradicional división de castas del país, sino hacerla depender de su persona. Pudo haber procedido con una visión nacional y progresista del mal que él había sufrido, y en ese caso hubiera usado su poder en eliminar los clubes del país y arrancar para siempre la semilla de la división. No había razón alguna de valor político que lo impidiera, puesto que la división no se fundamentaba en categorías económicas. De la misma manera que sustituyó los clubes antiguos por los suyos, bajo su advocación, sin que eso pusiera en peligro su poder, pudo haberlos eliminado, y nada hubiera sucedido.

Es cierto que al dejar funcionando la división, y al convertirse en su árbitro, disponía de un instrumento de poder puesto que podía ofrecer a mucha gente de origen humilde la categoría de gente "de primera" como premio a la lealtad que él exigía. Pero esa posibilidad no era indispensable para garantizar la estabilidad de su régimen. En cambio, haber borrado de la conciencia dominicana la insensata y venenosa división de castas hubiera sido una obra de bien nacional.

Pero para Trujillo el bien nacional sólo cuenta cuando no se opone a su naturaleza psicológica dura, tempestuosa, vengativa. Ahora bien, no echemos en olvido que en las inclinaciones de esa naturaleza psicológica jugó un papel importante la naturaleza social, y que esa naturaleza fue llevada al país por los conquistadores, y prolongada y mantenida, durante dos siglos, por los colonizadores.

La raíz psicológica del trujillismo, pues, hay que buscarla en el primer acto de la Conquista, realizado cuando el Almirante don Cristóbal Colón tocó tierra en la Española, en su segundo viaje transoceánico, el 27 de noviembre de 1493.

EL ORIGEN BIOLÓGICO

V

EL ABANDONO DE LA ESPAÑOLA:
SUS CONSECUENCIAS PARA EL PAÍS

Sobre el conjunto de pueblos de la península española, unidos en su lucha contra los árabes, acabó imponiéndose la voluntad dominante de los pastores de Castilla, que necesitaban cada vez más tierras para sus majadas y sus hatos. La aristocracia de los campamentos fue, pues, latifundista; de ahí su soberbia, empapada en salsa medieval.

Al andar de los siglos, en la lejana isla de Santo Domingo, conquistada y colonizada por una España ya castellanizada, el contenido económico y la modalidad militar de aquella aristocracia fue desapareciendo, ya al cabo sólo quedó la cáscara vacía; la soberbia y el recuerdo de la salsa, ambas de tanta fuerza, sin embargo, debido a su potente mineralización, que pudieron deformar a mucha gente cuatrocientos años después del día en que tocaron tierra dominicana.

Pero además de esa infección de un mal típicamente español —o castellano, si se prefiere—, la infortunada isla que Colón con el nombre de Española padeció otros males, tal como si con el nombre le tocara heredar lo peor del esforzado país que hizo el descubrimiento y la conquista. Y resulta sorprendente observar que así como psicológicamente Rafael Leonidas Trujillo es el producto de la soberbia aristocrática guerrera y latifundista de Castilla degenerada en Santo Domingo, biológicamente es el fruto directo del prolongado abandono en que España mantuvo, siglo tras siglo, a la que fue la primera de sus innumerables colonias.

Prácticamente abandonada cuando apenas habían transcurrido cincuenta años desde el día en que comenzó a ser colonizada, la isla, abundante en grandes bosques, grandes ríos, valles enormes y fértiles, apenas mantenía en 1570 una familia en cada diez kilómetros cuadrados. Y aun esto es un decir, porque los treinticinco mil habitantes que tenía la Española en 1570 estaban concentrados en un punto y la ciudad de Santiago de los Caballeros, hacia el norte, y en algunos establecimientos aislados que carecían de importancia demográfica.

Pero sucedió que mientras la población fue disminuyendo, las reses, los cerdos y hasta los perros llevados por el Almirante en 1493 se multiplicaban en cantidades asombrosas tan asombrosas que en vida de don Diego Colón hubo de hecho una guerra contra los perros salvajes, que bajaban en grandes grupos a los caseríos y atacaban a los habitantes. En cuanto a los cerdos y a las reses, todavía hacia 1525 se encontraban manadas de los primeros en las montañas, y en ciertos lugares había gente cuyo oficio era el de "montero", esto es cazador de toros cimarrones, y aún hoy se ve pasar de tarde en tarde, por la sombra de los bosques, algún perro salvaje, llamado por los campesinos "perro jíbaro".

La isla era grande, rica en vegetación, rica en ríos. Ni en las aguas ni en la tierra había animal que atacara al ganado, salvo tal vez los caimanes en cierta región del norte y en cierto lugar del sur. De manera que las montañas y los valles se convirtieron en un criadero natural de reses y cerdos. Tras las reses y los cerdos llegaron a la Española, en 1570, los cazadores franceses, ingleses y holandeses, que serían conocidos como bucaneros y que al andar del tiempo se transformarían en piratas, azote de los galeones españoles y depredadores del mar.

Esos cazadores se internaban en los bosques y pasaban allí años cazando. Asaban las carnes en "bucanes", una especie de parrilla de ramas verdes, hecha sobre estacas también verdes, a cosa de un metro del suelo. Del uso del "bucán", vocablo indígena, les vino el nombre de bucaneros. Cada cazador tenía aprendices, generalmente mozos ingleses y franceses que se contrataban en Europa para trabajar en las Antillas por tres años, y que eran vendidos por ese tiempo. El cazador y sus aprendices deshidrataban las carnes en los bucanes, secaban los cueros, y con carne y cueros se dirigían a la costa para venderlos a los comerciantes furtivos, holandeses, franceses, ingleses, que vivían del contrabando en el Caribe.

Desde sus palacios de Toledo los amos del imperio americano habían prohibido a sus colonos de América comerciar con extranjeros; pero no tenían guarniciones militares ni flotas de guerra que pudieran hacer buena la prohibición. En el caso de la Española, no podían siquiera mantener alejados de allí a los bucaneros. Estos, que aumentaban en número y que se organizaban poco a poco, acabaron tomando posesión de la Tortuga, una isla adyacente de la Española, pasó a ser la plataforma del comercio de contrabando con la Española y Cuba, luego, el cuartel general de la piratería, después el punto de penetración del imperio francés en el Caribe, y por fin el huevo en que se empolló Haití, cuya existencia cambió el rumbo histórico de Santo Domingo.

Hasta 1598, año de su muerte, Felipe II, que había gobernado desde 1555, se mantuvo empeñado en guerras contra Inglaterra, Flandes, Francia. Apreciaba sobre todas las cosas su título de "defensor de la cristiandad", de manera que mal podían preocuparle los desafueros que estuvieran cometiendo en la remota colonia del Caribe los comerciantes extranjeros. Al morir le sucedió su hijo Felipe III, de quien el padre había dicho: "Dios que me ha dado tantos reinos me ha negado un hijo capaz de regirlos". Ese hijo decidió, a principios del siglo XVII, que para impedir a los contrabandistas negociar con la población de Santo Domingo debían abandonarse las fundaciones de la costa del norte y de la costa oeste. Se hizo como mandó el rey, con lo cual la isla quedó más desguarnecida y los bucaneros tuvieron un amplio campo para entrar en ella. La colonia degeneraba tanto que en la ciudad capital, creada un siglo antes para ser una réplica de Toledo, apenas quedaban trescientos habitantes en 1606. Algunos años después la población, que había llegado a ser de sólo treinticinco mil almas en 1570, estaba por debajo de ese número. Durante todo el gobierno de los Austria, que duraría lo que faltaba de siglo —hasta 1700—, la colonia iría decayendo, sin que se tomara medida alguna para mejorar su suerte.

Pero mientras España decaía otras naciones luchaban por aumentar su poder y por poner la mano en el botín americano. Francia e Inglaterra, sobre todo, usaban cuantos medios se hallaban a su alcance para participar en el festín colonial. El gobierno español vendía los cargos en las colonias, y los funcionarios, que regularmente pagaban sus puestos a alto precio, trataban de resarcirse pronto permitiendo, por dinero, el comercio ilegal; por otra parte ese comercio ilegal era estimulado por los gobiernos de Inglaterra y Francia, y se sabe que en muchos casos los propios reyes de esos países participaban con capital y con derecho a beneficios en tal tipo de comercio. Cuando la piratería llegó a organizarse como empresa político-económica, detrás de ella estaban los monarcas de Londres y de París. España, mientras tanto, actuaba a la defensiva, como en el caso de Santo Domingo, apenas actuaba.

Ya en 1527 había piratas en aguas de la Española; durante el siglo XVI se produjeron varios asaltos a establecimientos de la isla, hasta culminar en la toma de la capital por Sir Francis Drake en 1586. En 1609, los holandeses comenzaron a entrar en acción en el Caribe, autorizados de hecho por la Corona española para negociar libremente en las Indias. Hacia 1630 la Tortuga era una base del comercio de contrabando y el mercado fijo de la carne y los cueros que producían los bucaneros en la Española. Hacia 1643 un ataque español sobre la Tortuga terminó en desastre y los bucaneros, los corsarios que la tenían como lugar de carena, respondieron atacando los poblados de la isla mayor. La Española estaba tan abandonada a su suerte que en 1655 había madrigueras de piratas en sus propias costas, como una de corsarios ingleses que se hallaba en Samaná, hermosa bahía situada en la costa del este. Desde principios del siglo XVII bucaneros ingleses y franceses se disputaban el gobierno de la Tortuga, como si fuera tierra de nadie. Las autoridades coloniales de la Española atacaban de tarde en tarde a los intrusos, los desalojaban, pero no dejaban guarnición fija.

Mientras tanto la Tortuga se convertía cada vez más, no sólo en el punto comercial de los bucaneros que operaban en la Española, sino sobre todo en cuartel general de la piratería.

Sin que España se diera cuenta los franceses acabaron tomando posesión de la Tortuga y desde allí extendieron su autoridad a la costa de la Española, en la porción noroccidental. Hacia 1654 el Caballero de Fontanay se hacía llamar "Real Gobernador de Tortuga y de la Costa de Santo Domingo"; y a partir de entonces llegó a ser tanto el poderío de bucaneros y piratas unidos que en 1659 penetraron hacia el este con una columna de cuatrocientos hombres, tomaron por sorpresa la ciudad de Santiago de los Caballeros y prendieron al gobernador, a quien se llevaron de rehén.

El gobernador de la Tortuga era francés, pero gobernaba por igual sobre franceses, sobre ingleses, sobre africanos, mulatos nativos, y gente llegada de otros países. En 1664 Richelieu formaba en Francia la Compañía Francesa de la

Indias Occidentales, una empresa comercial con todo el apoyo del gobierno de Luis XIV. Esa compañía compró, por quince mil libras francesas, el derecho de posesión de la Tortuga y de las tierras de la Española que estaban bajo el dominio armado del gobernador de facto de la Tortuga. Por disposición real, la compañía estaba autorizada a designar gobernador; y lo hizo. Así pasó una parte de la Española a ser propiedad de una empresa comercial del gobierno francés, sin que España tratara de impedirlo. Gobernaba entonces sobre el imperio donde no se ponía el sol Felipe IV que iba a morir por esos días; en 1666 le sucedería Carlos el Hechizado, último vástago de los Austria, llamado a consagrar, tres años antes de su muerte, la división de la Española en colonia de España al este y colonia de Francia al oeste.

Los franceses se establecieron en la parte occidental de la isla por derecho de conquista. Pero debe tomarse en cuenta que esa conquista no fue hecha por ejércitos franceses, sino por bucaneros y piratas, que les disputaron la posesión de la Tortuga, primero, y de la costa vecina después, no sólo a los españoles, sino también a los ingleses. Por otra parte los ingleses eran en la Tortuga tan intrusos como los franceses. La historia de esas luchas por la pequeña isla que llegó a ser el refugio de los "Hermanos de la Costa" es aleccionadora en grado sumo, no sólo porque en ella se batieron fuerzas encontradas en la larga lucha por el poder colonial europeo en el Caribe, sino por que es la mejor muestra de la escasa capacidad que tuvo España, por lo menos durante la dinastía de los Austria, para mantener, defender y desarrollar un imperio colonial.

Resulta más curioso todavía observar ahora, tres siglos después del día en que Francia tomó posesión de una parte de la Española, que esas luchas de ingleses, franceses y españoles, esa orgía histórica de cazadores de los bosques, piratas, esclavos europeos y esclavos africanos y funcionarios españoles venales, acabaría produciendo físicamente a un tirano de la categoría de Rafael Leonidas Trujillo. Lo que demuestra que en el gigantesco juego del poder mundial, como en una partida de ajedrez, el que descuida una pieza pequeña puede sufrir al final una derrota grande. Pues la existencia de Trujillo en Santo Domingo es una acusación contra la política colonial española, y una acusación bien fundada tiene para quien la sufre el valor moral de una derrota. Biológicamente, como se verá luego, Rafael Leonidas Trujillo es el fruto del abandono de la Española, a la que España conquistó y no cuidó, con grave delito de irresponsabilidad histórica.

VI
LA ISLA DIVIDIDA: NACIMIENTO DE HAITÍ

Al finalizar el siglo XVII, el pueblo dominicano estaba ya formándose. Era pobre en número, y por tanto vivía aislado entre sí; estaba abandonado de su metrópoli y tenía que arreglárselas como podía. Tuvo, pues, que modificar la vida española según los arbitrios que tenía a mano; se acostumbraba a un nuevo tipo de ropa, a la vivienda que podía hacer con los medios que le daba su tierra, a las armas que podía fabricar, a la comida que le producía su suelo; tuvo que modificar incluso la lengua, matizándola con acentos indígenas, negros y extranjeros. En la región del Cibao se habla un español deformado que difícilmente puede ser comprendido en Santo Domingo por negros "curros", llevados directamente de España en el siglo XVI. Hasta la división de castas de la península resultó modificada en la colonia, puesto que ya no tenía el contenido económico y militar con que fue introducida en la Española.

La preocupación principal de ese pueblo en formación, a partir de 1665, fue luchar contra los franceses que habían tomado posesión de la parte occidental. Los ataques de los colonos españoles que en realidad ya eran nativos de la isla, y culturalmente más dominicanos que españoles, no lograron modificar la situación.

El poder francés era más fuerte, porque era el poder de su imperio. Cada día los ocupantes de la costa del oeste penetraban más hacia el este. En 1670 fundaron en la costa del norte la ciudad de Cabo Francés, que más tarde iba a llamarse, hasta hoy, Cabo Haitiano. Cuando se produjo la Paz de Nimega, en 1678, en realidad más que paz, tregua en la lucha de Luis XIV contra España, la monarquía española reconoció de facto la autoridad francesa sobre la porción que ocupaba en la Española.

Pero Luis XIV no había esperado ese reconocimiento. En 1670 le había dado a la Compañía Francesa para las Indias Occidentales libertad completa de importación de esclavos para lo que él consideraba ya "su colonia". Y así nació Haití, llamada a ser, pocos años después, sobre unos quince mil kilómetros cuadrados, sin un yacimiento de oro, plata u otro metal, la colonia más rica del mundo en su época.

Por fin en 1697, año final de la tercera guerra entre la España de Carlos el Hechizado y la Francia del Rey Sol, los plenipotenciarios españoles que firmaron la Paz de Ryswick reconocieron que era legal la autoridad francesa sobre Haití. La isla quedaba dividida en dos colonias, y el destino del pueblo dominicano iba a ser gravemente afectado por esa división.

Pasó el siglo XVII. Con él se extinguieron los Austria y la monarquía española fue a manos de los Borbones, en la persona de un nieto de Luis XIV, Felipe Duque de Anjou, que tomó el nombre de Felipe V. Se iniciaba la etapa más fecunda de América y la mejor de la colonia hispánica en la isla Española, que pasaba por esos días a llamarse Santo Domingo. Pero el desarrollo de la parte española demoraría largo tiempo, mientras que el de la parte francesa, llamada ya indistintamente Saint-Domingue y Haití, se realizaría con frenética rapidez, impulsada por el naciente capitalismo francés, que hizo de ella la primera verdadera factoría colonial de los tiempos modernos.

No es fácil saber cuál era la población de la colonia francesa cuando en 1670 se decretó la libertad del tráfico esclavista, pero por los datos que se tienen de los pobladores de la Tortuga puede estimarse que en franja costera del oeste y del norte y en la propia Tortuga no debía haber diez mil habitantes. Quizá esa cifra es exagerada, y aún exageradísima. Sin embargo pocos años después Cabo Francés, convertida en la capital de la colonia, era una ciudad importante. Hacia 1749 fue fundado Puerto Príncipe, que llegaría a ser la Capital. En 1785 la población de la colonia era de medio millón de habitantes, de los cuáles sólo treintiún mil eran blancos franceses, unos cincuenta mil negros y mulatos libertos, y el resto esclavos negros. A esa misma época, la colonia española del este, que había progresado enormemente gracias a la política neomercantilista de los Borbones hispánicos, tenía una población calculada en ciento cincuenta mil. Ahora bien, los de Santo Domingo eran ciento cincuenta mil habitantes en sesenta mil kilómetros cuadrados; los de Haití, medio millón en unos quince mil kilómetros cuadrados. La proporción, en densidad, era de 33 a 2.5 a favor de Haití; y en cuanto a la riqueza, no había posibilidad de comparar. La riqueza haitiana se había desarrollado sobre la base de establecimientos industriales operados por mano esclava, con fuerte inversión inicial de capitales, alta técnica de producción, mercado de consumo asegurado en la metrópoli y beneficios elevados, fundamentalmente debido al trabajo esclavo. Haití, pues, usaba los dos términos extremos de una economía que estaba transformándose de feudal en capitalista, y de artesana en industrial.

En 1789, mientras Francia se encontraba en las puertas de la Revolución, Haití se hallaba en increíble grado de prosperidad, sin deudas, produciendo más que nunca. Richard Patee recuerda que "si el azúcar constituía la base de toda esa prosperidad, no debe olvidarse que la colonia poseía igualmente numerosas fábricas, especialmente para la elaboración de productos tropicales. Había también una exportación creciente de café y de cacao, sin hablar de la fabricación de cerámica, de tejas y de los productos de cuero".

Desde 1777, año en que se había firmado el pacto de Aranjuez para fijar la frontera de las dos colonias, había paz entre Haití y Santo Domingo. Todo, pues, anunciaba mayor esplendor a la riqueza de los colonos franceses de Haití. Pero entonces estalló en Francia la Revolución, y la isla entera sería conmovida de manera avasalladora. En Europa, el Borbón español —Carlos IV— se enfrentó a la Revolución que decapitó al Borbón francés Luis XVI; pero en la isla las autoridades coloniales españolas y francesas se pusieron de acuerdo en un punto: que no se reconociera la igualdad, proclamada en la Convención de París. Esto se explica porque en la zona española había también esclavos. Un cabecilla mulato haitiano, llamado Vicent Ogé, que había iniciado en Haití una rebelión de los esclavos contra las autoridades que se negaban a aplicar los acuerdos de la Convención, huyó a la parte española; fue hecho preso allí y entregado a sus perseguidores. Murió martirizado en febrero de 1791, en la plaza de Cabo Francés. En agosto del mismo año estalló la sangrienta rebelión de Boukman. París envió a la colonia una comisión, que halló a los dueños de esclavos opuestos a la menor concesión, y a las autoridades coloniales apoyando a los esclavistas.

Dispuestos a imponer en la colonia las disposiciones de la Convención, los comisionados, apoyados en los negros y los mulatos libertos, llamaron en su auxilio a los esclavos.

Mientras tanto, estimuladas por órdenes de Madrid, las autoridades de Santo Domingo metían leños en la hoguera, sin darse cuenta de que esa hoguera iba a consumirlo todo en la isla. A la altura de 1793 los esclavos haitianos eran el sostén de los comisionados de la Convención francesa, y eran ellos quienes defendían la colonia contra los ataques procedentes de la parte española y los que lanzaban por el mar los ingleses, cuyo reino se hallaba en guerra con Francia. En reconocimiento a su conducta leal, los esclavos, negros y mulatos fueron declarados libres en agosto de 1793.

Ahora bien, había sucedido que desde el levantamiento de Boukman varios esclavos haitianos que capitanearon entonces grupos de sublevados recibieron protección en la vecina colonia española. La malicia elemental de las autoridades españolas les llevó a creer que debían reservarse fichas para el juego de la política colonial, y que esos jefes de esclavos serían buenos instrumentos para mantener inquieta a la colonia francesa, una vez hubiera pasado la tempestad revolucionaria. Muchos de tales jefes recibieron despachos de generales españoles y a todos se les dieron armas y medios para que incursionaran en Haití. Entre ellos estaba Toussaint Louverture, antiguo cochero de sus amos franceses, alma de gran jefe militar y civil, que tenía unos cincuenta años por los días en que actuaba como agente español en Haití.

Cuando Toussaint supo que los comisionados de la Convención habían decretado la libertad de los esclavos, se puso a la orden de la comisión; volvió armas contra sus aliados españoles y comenzó a reconquistar, en nombre del gobierno francés, las ciudades haitianas del interior y de la costa que se hallaban en manos españolas e inglesas. En el término de un año el antiguo esclavo era general de brigada francés, por nombramiento de la Convención; casi inmediatamente después se elevaba a la función de teniente gobernador de Haití; en 1795 quedaba designado capitán general de las fuerzas armadas de Haití. En menos de seis años, los esclavistas de Haití, frenéticamente opuestos a que se les concediera a los negros el derecho de igualdad, se hallaban bajo la autoridad de un negro que en 1789 conducía la calesa de sus amos por los empedrados caminos del norte.

La gran tempestad no se había desatado todavía sobre la isla, pero sus violentas ráfagas costaban ya miles de vidas; los propietarios de las dos colonias abandonaban las plantaciones y se iban a Cuba, a Puerto Rico, a Tierra Firme. Las ricas mansiones de los ingenios de azúcar y de los cafetales se quedaban vacías; los blancos franceses y españoles se llevaban consigo no sólo el dinero, sino las porcelanas, los pianos, los libros. En la colonia española, el abandono se acentuó a partir de los últimos meses de 1795, cuando llegó a Santo Domingo la noticia de que en la Paz de Basilea, acordaba en julio de ese año, España había cedido a la República francesa la parte del este, que desde hacía trescientos años había sido su colonia. Santo Domingo había sido entregada a Francia a cambio de que los franceses abandonaran las plazas que ocupaban en España; de manera que la lejana colonia debía ser el precio de la incapacidad de España para defender su propio suelo.

Pero Francia no estaba en capacidad de ocupar militarmente toda la isla. Los ingleses seguían pisando tierra haitiana, y Toussaint, jefe de armas y cabeza política, usaba contra ellos cañones y diplomacia. Al fin, en 1798 logró que los ingleses evacuaran sus posiciones. Pero entonces tuvo que fijar su atención en un mulato haitiano que había descollado en el sur, el general André Rigaud. Rigaud había acabado estableciendo su autoridad, independiente de la de Toussaint, en toda la zona del sur, donde también había combatido a los ingleses. Louverture se propuso reducirle, y la guerra civil que se produjo entonces, ya hacia 1798, duró dos años y fue de una ferocidad inaudita. Ardían campos, poblados y mansiones, ingenios y cafetales, y mientras se mataban entre sí, los antiguos esclavos de Haití iban matando también blancos franceses.

Al quedar vencido Rigaud, a mediados del 1800, Toussaint Louverture volvió la mirada hacia la colonia española del este, cedida a Francia desde hacía cinco años, y pasó a ocuparla. "La isla es una e indivisible", declaró.

Cuando el brillante general haitiano entraba en la ciudad que había sido la Primada de América, finalizando ya el siglo XVIII, la colonia de Santo Domingo cerraba un ciclo de su historia. Los impulsos de progreso que la habían llevado de menos de treinta y cinco mil habitantes en 1700 a más de ciento cincuenta mil en 1785, el activo comercio, la multiplicación de los hatos y de los cortes de madera, la apertura de caminos, el establecimiento de núcleos de riqueza y cultura dejaron de expandirse, primero; se paralizaron después, y comenzaron a debilitarse con el éxodo de las familias pudientes y cultas. Por último en el año 1800 se convertía de hecho en territorio francés gobernado por haitianos que hasta pocos años antes habían sido esclavos. La revolución le era impuesta desde afuera, cuando todavía no estaba madura para recibirla, ni la deseaba ni la comprendía. La historia arrancaba de su árbol el fruto dominicano antes de que los jugos vitales le hubieran dado su desarrollo natural.

Sin embargo Santo Domingo estaba todavía en los preludios de la tempestad. La isla había pasado a ser juguete de la política imperial europea desde que Colón la conquistara en 1493, y era lógico que en esa condición tuviera que padecer los vaivenes de Europa. La sombra de Napoleón tenía que proyectarse sobre ella; y se proyectó.

Napoleón necesitaba seguridad en Haití. El impetuoso conquistador planeaba montar una réplica del imperio en la Luisiana y Santo Domingo debía ser la base de operaciones. Toussaint Louverture, gobernador de la isla, no ofrecía garantías de seguridad. Así, a fines de 1801 comenzó a prepararse una gran expedición, que debía dominar la isla, deponer a Toussaint y organizar la colonia bajo el mando del marido de Paulina Bonaparte —el general Víctor Enmanuel Leclerc—, para que sirviera a los fines napoleónicos en la América del Norte.

Por la bahía de Samaná, donde siglo y medio antes había madrigueras de piratas, llegó una flota de ochenta barcos, al mando del general Kerverseau, mientras Leclerc se presentaba frente a Cabo Francés. Los dominicanos ayudaron a Kerverseau a limpiar su país de haitianos, pero en Haití, Henri Christophe, oficial de Toussaint, prefirió la aniquilación de Cabo Francés, y la ciudad ardió a los ojos de la flota francesa.

Sin embargo Toussaint fue hecho preso, al fin, y enviado a Francia, donde murió como prisionero de Napoleón. Pero Haití entero se sublevó, y al mismo tiempo en la antigua parte española se sublevaron los esclavos, que habían visto a sus hermanos de Haití gobernando la antigua colonia e imponiendo la ley sobre sus amos.

El cuñado de Bonaparte murió a causa de fiebres tropicales; los ingleses estimulaban a los haitianos a luchar contra las fuerzas del Emperador; el único jefe haitiano con autoridad sobre las masas negras se hallaba preso en Francia. La tempestad se desató, y ya nadie pudo contenerla. Para someter a las masas sublevadas, al sucesor de Leclerc se le ocurrió una idea peregrina: el restablecimiento de la esclavitud.

La tremenda rebelión comenzó a fines de 1802, y quince meses después, el primero de enero de 1804, Haití se proclamaba república independiente, la primera república negra de los tiempos modernos y la segunda república en el nuevo mundo sólo precedida por los Estados Unidos.

En quince meses de guerra, bajo el mando de Jean Jacques Dessalines, los haitianos hicieron la revolución más completa que recuerda la historia de la humanidad; la única que fue a un mismo tiempo guerra social, de esclavos contra amos y de desposeídos contra propietarios; guerra nacional de colonos contra metropolitanos, y guerra racial de negros contra blancos. "El color blanco es la desgracia de Haití", había proclamado Dessalines. Arrancó ese color de la bandera francesa, y con el azul y el rojo restantes hizo la haitiana; y arrancó la vida a cuanto blanco quedó en el país. Los pozos de los ingenios, con cuyas aguas se regaban antes los sembradíos, fueron cegados con blancos vivos, hombres, mujeres y niños, que de amos de la tierra pasaron a integrarla.

Cuando hubo dominado en Haití, Dessalines pasó a batir a los franceses en la antigua porción española. Pero no era ya simplemente el general Dessalines, sino el Emperador Jacques I, y como jefe de la columna que entró por el norte iba Henri Christophe, que acabaría su vida siendo rey.

VII
LA ARRITMIA HISTÓRICA DOMINICANA

La guerra, al fin, la verdadera guerra revolucionaria, con su origen social y su complicación racial, había llegado a Santo Domingo. Era la primavera de 1805. Desde hacía quince años la isla vivía en convulsiones, y cada estampido de cañón disparado en Haití, cada alarido de los degollados, resonaba en la parte española, que ya no era española, puesto que las tropas napoleónicas, al mando del general Ferrand, venían ocupándola desde 1802.

En esos quince años la población debe haber descendido a la mitad. No hay informaciones que permitan asegurar qué población tenía en 1805 la antigua colonia de España, pero cuarenta años después los habitantes no pasaban de ciento veinticinco mil, lo que indica que en 1805 debían ser menos de setenta y cinco mil. Entre ellos, muy escasos eran los hombres de poder económico y relativamente escasos los blancos, puesto que los que tenían con que irse del país lo habían hecho. Sin embargo siempre quedaba en cada población importante, sobre todo en la región del Cibao —que está en la parte norte—, algún que otro centenar de dueños de hatos y de familias blancas, más o menos distinguidas o de cierto linaje e importancia. Debían quedar los artesanos, los pequeños comerciantes y propietarios, los "de segunda", en fin, que no disponían de bienes suficientes para abandonar su tierra; y quedaba la gran masa de la población, mestiza en su mayoría, y por último los esclavos y los negros libertos.

Los esclavos no debían ser muchos, puesto que apenas había amos.

Jacques I entró en Santo Domingo por el sur y su teniente Henri Christophe por el norte; y por donde pasaban, especialmente en la ruta del norte que era la más poblada, los veinticinco mil hombres del ejército haitiano iban haciendo la revolución a la manera en que la habían hecho en su tierra: degollando blancos, quemando plantaciones, destruyendo riquezas, liberando esclavos.

En ese año de 1805, de terror para los dominicanos, no sucedía nada parecido ni en Cuba ni en Puerto Rico, las dos islas gobernadas por España, ambas situadas en los dos flancos de Santo Domingo; y desde luego nada hubiera estado sucediendo en Santo Domingo de no hallarse la colonia francesa de Haití en un costado de su isla. Precisamente hacia 1805 Cuba se preparaba a heredar el papel de Haití como productora y vendedora de azúcar en el mercado mundial, lo que haría de ella, en pocos años, el emporio antillano. Santo Domingo era el cordero expiatorio de los errores coloniales de España en el Caribe, y como tal, ella debía sufrir todo el peso de la expiación.

La presencia de los ejércitos haitianos en Santo Domingo no fue larga. Dessalines sitió la vieja ciudad de los Colón. Pero la capital de la antigua colonia española había sido amurallada y guarnecida de fuertes en el siglo anterior, y el emperador de Haití no pudo tomarla. Cuando la tenía sitiada, una flota francesa llegó al puerto en auxilio de Ferrand. El emperador negro levantó el sitio. En su retirada degolló, quemó, violó.

Vuelto a Haití, empezó a organizar su imperio. Pero fue asesinado en octubre de 1807, y su cadáver ultrajado quedó insepulto hasta que un loco recogió los restos y les dio tierra.

La escasa población dominicana quedó aterrada por la incursión de Dessalines. Temía y odiaba al haitiano, y pensaba que mientras Francia gobernara en la antigua colonia española los haitianos tendrían razones para invadir de nuevo. Además no había causas para que el pueblo reconociera el dominio francés como justificado. Los franceses no hablaban su lengua, no conocían sus tradiciones y eran ocupantes militares.

De manera que cuando vinieron a pasar tres años de la retirada de Dessalines, los dominicanos se sublevaron contra el dominio francés. La sublevación comenzó en el sur, hacia la frontera con Haití, y no sería dudoso que los haitianos la favorecieran. Fracasó pronto, pero se renovó en otro extremo del país, en las llanuras de la región oriental, esta vez bajo el comando de Juan Sánchez Ramírez, hacendado del Valle de la Vega Real. El gobierno haitiano había entrado en descomposición; Dessalines estaba muerto ya y la amenaza haitiana no parecía tan próxima. Los dominicanos que siguieron a Sánchez Ramírez —dominicano él mismo— lo hicieron para reincorporar el país a España.

Sánchez Ramírez no tenía experiencia militar, pero sabía mandar. Se enfrentó al general Ferrand en la sabana de Palo Hincado, el francés al mando de veteranos napoleónicos, él al de jinetes de los llanos, peones de hatos y conqueros de machete. Proclamó ante su tropa: "Pena de la vida al soldado que volviere la cara atrás, pena de la vida al tambor que tocare retirada y pena de la vida al oficial que la mandare, aunque fuere yo mismo" Hablaba como los romanos de los tiempos heroicos. Venció. Ferrand, que huía hacia la Capital, quedó rodeado y se saltó los sesos de un pistoletazo. Sánchez Ramírez avanzó sobre la Capital; los sublevados del sur avanzaron también, y la ciudad quedó sitiada por tierra. Una escuadra inglesa acudió y completó el sitio por agua[*].

Tras una resistencia prolongada y penosa, agravada por los bombardeos de la flota inglesa, el general Dubarquier, jefe francés, entregó la plaza. Los ingleses recibieron la rendición, cobraron su ayuda en especie y en promesas, y entregaron el mando de la colonia a Juan Sánchez Ramírez. Y he aquí que don Juan Sánchez Ramírez, dominicano, proclamó la reincorporación a España, se designó a sí mismo capitán general de la colonia y pasó a gobernarla hasta su muerte, ocurrida en 1811.

Tómese nota de la arritmia histórica dominicana: en 1809, cuando estaba a punto de iniciarse la revolución de independencia en América del Sur, los dominicanos se declaraban por sí mismos colonos de España. La metrópoli los había abandonado hacía tiempo; los había entregado al poder francés, después de haber abierto a los franceses un costado de la rica y hermosa isla, y ellos retornaban a ser vasallos de la corona española y para lograrlo derramaban su sangre en Palo Hincado y en el sitio de Santo Domingo.

En el momento en que se reincorporaba a España Santo Domingo era el asiento de la pobreza, la estampa misma del atraso. No había escuelas, no había teatros, no había fondos con que solventar los gastos oficiales, no había ni siquiera luz para las calles de la vieja ciudad de los Colón, ni siembras en los campos ni industrias funcionando.

El gobierno de Sánchez Ramírez fue típicamente colonial, esclavista, de dueño de hato sobre peones. Freía en aceite a los que se rebelaban; manejaba con mano dura aquella colonia

---

[*]   Sobre la Batalla de Palo Hincado, ver mi libro *Temas históricos*, I, p.19.

abandonada, que tres siglos después de haber visto alzarse el Alcázar de don Diego, rebullente de lujos, se hallaba con un quinto de su territorio en otras manos, con las ciudades en ruinas, los caminos cubiertos de boscaje, y apenas sesenta mil almas —unas doce mil familias— de recursos míseros poblando los valles y las montañas, a razón de una familia por cada cinco kilómetros cuadrados. La guerra social había prendido; Haití había dado el ejemplo de la independencia, y los dominicanos no lo tomaron en cuenta. La primera colonia que se organizó en América había perdido el ritmo de la historia, y se hallaba retrasada económica, social, cultural y políticamente.

Resulta exagerado hablar de fuerzas políticas en sesenta mil habitantes tan diseminados, pero si esa población fue capaz de hacer frente a los ejércitos europeos de Napoleón, algo le daba vitalidad. La política de los Borbones fue más que inteligente; fue admirable, sobre todo en el gobierno de Carlos III. Sus grandes líneas fueron la libertad comercial —al extremo de que las colonias americanas resultaron de hecho comercialmente libres—, prosperidad para los propietarios, pequeños comerciantes y artesanado. El pueblo dominicano quedó desmedrado en hombres y riquezas en menos de veinte años, época crítica de las luchas originadas en la isla por la Revolución Francesa; pero hay que suponer que lo esencial del clima político que había en el país hacia 1790, quedó como bien común en los sesenta mil habitantes a que se redujo la población. El sentimiento españolista debía ser fuerte, pues; lo cual explica la reincorporación a la vieja metrópoli.

Pero en el movimiento de reincorporación debió haber también una dosis de reaccionarismo a las prédicas y las prácticas revolucionarias de los haitianos y de los propios franceses que ocupaban en país. Los haitianos hicieron degüello de propietarios en la antigua parte española, y los que iniciaron el movimiento de reincorporación eran propietarios fuertes, tanto los que comenzaron la lucha en la región del sur como los que la llevaron a buen éxito en el este.

Don Juan Sánchez Ramírez moría en 1811, precisamente el año en que los venezolanos proclamaban la independencia e iniciaban la gran guerra social que acabó físicamente con el poder mantuano. En Santo Domingo, pues, se afirmaba la fuerza de los terratenientes al tiempo que ésta era destruida en otras partes de América, y además se afirmaba el señorío español cuando América comenzaba la lucha para destruirlo.

Por abandono de la metrópoli, por la presencia de fuerzas extranjeras en la isla, por la intervención decisiva de gobiernos extranjeros que buscaban riqueza en su territorio, Santo Domingo quedó desviado del curso natural de la historia americana. A tal extremo había perdido el ritmo histórico, que siglo y medio después se mantiene retrasado.

Cuando Sánchez Ramírez vencía a Ferrand en Palo Hincado, Fernando VII entraba a ser prisionero de Napoleón. Es curioso observar estas contradicciones: el rey de España preso del emperador de los franceses, mientras en Santo Domingo los dominicanos derrotaban a las fuerzas de Napoleón y proclamaban el poder del prisionero; más aún, José Bonaparte, sucesor de Fernando VII, no mostró interés alguno en que la autoridad de su hermano se extendiera a la sublevada colonia. Santo Domingo pasó a ser gobernado por las Cortes de Cádiz, y aunque en 1812 esas Cortes proclamaron una Constitución liberal para el imperio español —ya en disolución—, los dominicanos no fueron beneficiados por los nuevos principios. Las contradicciones, como se ve, formaban cadena. La lejana y archileal colonia seguía siendo gobernada como hato privado, a tal extremo que el primer gobernador definitivo enviado por la metrópoli, en 1813, un tal Carlos Urrutia, es conocido en la historia dominicana con el nombre de Carlos Conuco, porque durante los años de su gobierno dedicó todo su tiempo y sus energías a apresar gente para ponerla a trabajar gratuitamente en un gigantesco conuco de su propiedad, que se hallaba a la vista del palacio de gobierno, en la margen izquierda del Ozama. Todos los testimonios de la época concuerdan en afirmar que el propio gobernador, sin usar de intermediarios, se dedicaba a la venta de la yuca, las batatas, el maíz y los plátanos que le producía su empresa agrícola.

No debemos olvidar que por los años en que Carlos Conuco —que gobernó hasta 1818— discutía con los vecinos de la capital dominicana el precio de sus viandas, Cuba tenía seiscientos mil habitantes, La Habana era ya una gran ciudad de la época y los ingenios de azúcar cubanos producían más de cincuenta mil toneladas por año; que en Venezuela se libraba por ese tiempo la gran guerra libertadora y Angostura era ya, de hecho, la capital independiente; que Haití tenía más de diez años de república libre... En fin, mientras en Santo Domingo transcurrían los años de la llamada "España Boba", que van de la muerte de Sánchez Ramírez en 1811 hasta el final de 1821, el Caribe progresaba o luchaba en busca de su destino.

Entre 1808 y 1821, la población dominicana debió descender mucho más, tal vez un sexto o un quinto. La pobreza general había llegado a niveles increíbles; no había escuelas, no había médicos, no había comercio con otros países. Todo el que pudo emigrar se fue a otras tierras; a Cuba, que prosperaba entonces, a Puerto Rico, que se hallaba en paz, a la propia España. Santo Domingo quedó convertido en un pobre país rural, de explotación primitiva, donde lo único que perduraba del antiguo esplendor era la división de castas, mantenida a fuerza de soberbia, no de medios económicos ni de privilegios de otra índole.

Mientras tanto en Haití habían sucedido cosas importantes. A la muerte de Dessalines, el país se dividió entre los seguidores de Henri Christophe, al norte, y los de Alejandro Petion al sur, tal como diez años antes había ocurrido entre Toussaint y Rigaud. Pero esta vez la división llegó a mayor profundidad, puesto que se establecieron dos gobiernos; uno al mando de Christophe en Cabo Haitiano —la antigua Cabo Francés— y otro al de Petion en Puerto Príncipe. Christophe no tardó en declararse rey; Petion se conservó republicano.

Así tenemos que en los años de 1811 a 1818, la isla que Colón había pretendido hacer cabeza de un gran imperio y solar de los suyos tenía tres formas políticas: La República de Haití, en el ángulo suroeste; la monarquía también haitiana, en el ángulo noroeste; la colonia española; pero a la vez era el más pobre en hombres y el menos evolucionado histórica y políticamente. Conservaba su riqueza potencial: los bosques milenarios, las altas montañas cubiertas de pinos, los valles de jugosa tierra negra, los ríos caudalosos.

Pero su destino había sido ingrato, porque le había tocado ser la hija abandonada de una España inconsciente.

VIII
La simiente materna de Trujillo llegó con la ocupación haitiana de 1822

Petion murió a principios del 1818 y le sucedió en la presidencia de la república Jean Pierre Boyer, comandante de la guardia presidencial. Henri Christophe se suicidó casi dos años después, en octubre de 1820 a raíz de un ataque de parálisis general que le tumbó de su caballo, con lo que se inició una sublevación militar en el reino. A la muerte de Christophe, Boyer lanzó sus fuerzas sobre el norte; de manera que al comenzar el año de 1821 Haití estaba políticamente unificada, como en los mejores tiempos de Toussaint Louverture.

Pero algún fermento había dejado la división. Durante su gobierno de diez años Petion había mantenido una cuidadosa política de reparto de tierras y a su muerte la región del sur era predominantemente minifundista, lo que suponía estabilidad y trabajo para la mayoría de la población. En cambio Christophe mantuvo el latifundio de los tiempos prerrevolucionarios, y para sostener esa situación creó un aparato de fuerza que tenía al campesinado bajo un régimen de terror.

Como ocurre siempre con las dictaduras de tipo latifundista, del campesinado salía el mayor número de los soldados que servían al amo; no tenían bienes ni trabajo porque no tenían tierras, y el rey los ocupaba en el ejército para que aterrorizaran a sus compañeros de clase social y sostuvieran la monarquía.

El presidente Boyer se encontró con que los soldados de Christophe debían ser sacados del norte o dotados de tierras, de lo contrario pondrían en peligro la estabilidad de su régimen y la reunificación del país; y Boyer no era partidario del minifundio petionista, sino del latifundio a lo Christophe, por lo que no se decidió a repartir las tierras del norte entre los soldados del difunto rey. Durante un año dudó. Al año, los dominicanos le ofrecieron la salida ideal.

Pues en diciembre de 1821 —el día primero, para ser más precisos— los dominicanos proclamaron la creación de un Estado, al que llamaron Haití Español, y que pusieron bajo el protectorado de la Gran Colombia. Al día siguiente salía hacia Bogotá un enviado del nuevo Estado y otro hacia Haití, para comunicar los hechos a Simón Bolívar y al presidente Boyer. Ese día Bolívar estaba en Bogotá, pero preparaba su viaje al Ecuador, y hasta el 8 de febrero no supo palabra de los sucesos dominicanos. El Libertador se hallaba en Popayán cuando recibió carta de Santander dándole cuenta de que Santo Domingo se había declarado protectorado de la Gran Colombia. "Mi opinión es que no debemos abandonar a los que nos proclaman —escribió a Santander—, porque es burlar la buena fe de los que creen fuertes y generosos; y yo creo que lo mejor en política es ser grande y magnánimo. Esa misma isla puede traernos, en alguna negociación política, alguna ventaja. Perjuicio no debe traernos si le hablamos con franqueza y no nos comprometemos imprudentemente por ellos".

La carta está fechada el 9 de febrero de 1822, y precisamente el 9 de febrero de 1822 llegaban a las puertas de la vieja ciudad de Santo Domingo de Guzmán las columnas haitianas que habían invadido por el norte y por el sur, como en los tiempos de Toussaint y Dessalines. Boyer había encontrado ocupación para los soldados de Christophe, y la isla había vuelto a ser "una e indivisible".

No sabemos todavía en qué medida el régimen haitiano influyó en la organización económica y social dominicana. Conocemos algo de la influencia que ejerció en el ordenamiento civil, en la división territorial, y por la presencia de comerciantes, profesionales y propietarios entre los revolucionarios de 1843, revolución en que participaron haitianos y dominicanos, podemos colegir que en los años de la ocupación haitiana la sociedad dominicana se estabilizó en el grado necesario para organizarse. La ocupación duró prácticamente todo el gobierno de Boyer. Boyer fue echado del poder por esa revolución de 1843, y los sectores dirigentes dominicanos aprovecharon la revolución para comenzar su guerra de separación, que se inició a fines de febrero de 1844. La ocupación haitiana duró, pues, veintidós años.

Es casi seguro que el favor de las inclinaciones latifundistas de Boyer, en la parte dominicana se reforzó el antiguo grupo colonialista de los grandes terratenientes; ese grupo contó con el respaldo de funcionarios de la iglesia Católica dominicana. Eso explica que la fecha de la guerra de separación grandes hateros y la jerarquía eclesiástica figura entre los separatistas; pues la revolución contra Boyer debía ser antilatifundista, por lo menos, y los latifundistas dominicanos debían ser adversarios del nuevo gobierno; por otra parte, tanto en el caso de que gobernara Boyer como si gobernaban sus enemigos, Haití era una república de origen francés y africano, y los terratenientes y los obispos dominicanos se sentían colonialistas españoles. En los sectores de comerciantes, profesiones y pequeños propietarios, y sobre todo en la masa campesina minifundistas, el españolismo había ido perdiendo la fuerza al tiempo que lo cobraba el sentimiento de la nacionalidad. De manera que junto con las causas económicas, sociales y políticas que habían dado origen a la revolución de 1843, dirigida contra el gobierno de Boyer, en la parte dominicana había también el ingrediente nacionalista de la mayoría, el fervor españolista de ciertos grupos económicamente importantes —y ese fervor españolista era antihaitiano— y el germen de una lucha entre dominicanos latifundistas y colonialistas, por un lado, y dominicanos de vida económica medida y nacionalidad por el otro.

Ya desde 1838 comerciantes y profesionales dominicanos habían fundado una organización celular secreta llamada La Trinitaria, cuyos fines eran luchar a la vez contra Boyer y contra el dominio haitiano; y esa sociedad había escogido nombre, bandera, escudo y lema para la república que iba a ser creada. La Trinitaria no era partido político, pero tenía la misma base doctrinaria que el movimiento haitiano contra Boyer, que se organizaba bajo el nombre de la Reforma. Esas bases eran libertad, progreso, elecciones libres pero con voto restringido; una suma de vaguedades de orden político muy propias de la época en la América Latina, y en el fondo ignorancia de la realidad social y económica, aunque en ningún momento se pensó en volver a la etapa colonial de la esclavitud, que había sido totalmente superada.

Ahora bien, los conjurados dominicanos tenían un propósito fundamental, cuya consecución los unía y los hacía fuertes; era la creación de su república, la idea del Estado nacional, por la cual tantos miles de hombres habían muerto en los años anteriores en la América Latina. De paso llamaremos la atención del lector hacia el hecho de que Santo Domingo, la primera colonia española en el Nuevo Mundo, se aprestaba a proclamar su república en lucha contra un país que no era España, sino Haití, colonia hasta hacía cuarenta y cuatro años, y colonia, por cierto, más nueva que Santo Domingo.

Durante el gobierno haitiano el país se había recuperado de su miseria anterior. Había paz, y la población se multiplicaba. En las cercanías de la Capital los haitianos fundaron una pequeña villa que fue poblada por ellos. Se llamó San Cristóbal. Era un caserío de tablas de palma situado a la orilla del camino real que iba de la capital hacia el sudoeste; por allí pasaban algunos ríos y la zona era fértil, de buena tierra. Entre los haitianos que se establecieron en San Cristóbal estaba Diyetta Chevalier. Debía ser joven en la época de la guerra separatista, puesto que su hija Erciná, de nombre típicamente haitiano, andaría por los cuarenta años cuando nació Rafael Leonidas Trujillo, bisnieto de Diyetta Chevalier, y el niño Rafael vino al mundo en esa villa de San Cristóbal, en octubre de 1891.

No hay datos que nos permitan saber cómo era la señora Chevalier, pero se sabe que su hija Erciná fue maestra de escuela, lo cual indica que en su hogar había preocupaciones de cultura y medios con que educar a la prole. Si la joven Diyetta llegó a San Cristóbal con sus padres, estos debieron ser pequeños agricultores y quizás mejoraron de situación al grado de dar maestros a su nieta Erciná, cosa que no era fácil en aquellos tiempos y en lugar de tan escasa importancia.

La familia de la joven Diyetta, o tal vez ella sola, se quedó en San Cristóbal cuando el poder haitiano fue barrido de Santo Domingo. Quizá parte de la familia había nacido en el lugar o alguno de los Chevalier había entrado a formar hogar dominicano. Cualquiera que fuera la razón, es el caso que con Diyetta Chevalier llegó a Santo Domingo el germen materno de Rafael Leonidas Trujillo.

La revolución de la Reforma contra Boyer se había producido en enero de 1843, y en ella participaron los dominicanos trinitarios; un año después, el 27 de febrero de 1844, los trinitarios proclamaban la creación de la República Dominicana y daban comienzo a la guerra de separación. En el año transcurrido entre los dos movimientos, el nuevo gobierno haitiano había conocido la conspiración dominicana y había perseguido a sus jefes. El de más categoría, Juan Pablo Duarte, huyó del país acompañado de algunos partidarios; sus compañeros de jefatura, Ramón Mella y Francisco del Rosario Sánchez, prosiguieron los trabajos de la conspiración.

Pero mientras tanto, ocupado en dominar la situación en Puerto Príncipe, el gobierno de Haití había descuidado la organización militar en la parte española; de manera que las guarniciones propiamente haitianas eran pobres, lo que facilitó la tarea de la sublevación. Los revolucionarios dominicanos dominaban los regimientos de la capital, la ciudad de Santo Domingo de Guzmán, que estaban compuestos por dominicanos aunque tuvieran jefes haitianos, y entre la capital y la antigua frontera no había fuerzas haitianas que valieran la pena. Eso explica que cuando se produjo el golpe, y el jefe haitiano de Santo Domingo capituló, todo el territorio de la antigua colonia española cayó en manos dominicanas, y no hubo, por tanto, sublevación masiva ni luchas contra los haitianos que vivían en el país.

Las luchas fueron a librarse en la frontera, en la región del norte y en la del sur, al principio, y después en la del centro. La primera acometida de los ejércitos haitianos se produjo en el mes de marzo de ese año de 1844 por el norte y por el sur. El día 19 se combatió frente a Azua; el día 30, en Santiago de los Caballeros. En las dos ocasiones, los dominicanos probaron tener decisión, coraje y capacidad militar; y aunque durante once años, de manera irregular, hubo que mantener la guerra, y aunque en esos once años, se libraron batallas verdaderamente importantes —con miles de hombres en uno y otro ejército—, lo cierto es que las acciones del 19 y del 30 de marzo resultaron decisivas para asegurar la vida de la naciente república.

El estudio de la historia dominicana no ha llegado todavía a ese punto en que son importantes los documentos privados, las cartas, las noticias mercantiles de la época de cada acontecimiento, sin cuyo conocimiento resulta tarea casi imposible reconstruir la atmósfera de los hechos, los pequeños incidentes, las pasiones diarias, el vaivén de la vida que a menudo es determinante en el desencadenamiento de ciertos sucesos históricos. Por eso no sabemos aún qué clase de actividad económica había en el país en los años de la fundación de la república; si hubo precios bajos en los artículos de exportación, si el gobierno de Boyer había entorpecido la actividad comercial.

Por el relieve de los acontecimientos, lo que podemos afirmar es que la República Dominicana nació debido al esfuerzo del pueblo dirigido por núcleos mercantiles y de la clase media; pero que en el momento de nacer resultó dominada por el sector colonialista de los terratenientes hateros, sin duda de número reducido pero de innegable poder económico y asistido del poder político que le daba la jefatura eclesiástica. La encarnación de ese grupo se llamaba Pedro Santana, hatero de la región del Este, a quien la Junta Gubernativa improvisó jefe militar y a quien la peonada siguió lealmente, como a su caudillo natural.

Entre los vaivenes de la guerra contra Haití, los dominicanos fueron dividiéndose en dos partidos; el llamado por algunos conservador, que dirigía Pedro Santana, y el de comerciantes y clase media, y que dirigía Buenaventura Báez. Santana se encaminó de inmediato hacia el gobierno dictatorial, aunque de base legal; y no se detuvo en nada dentro de los límites de la ley: fusiló a sus adversarios, sin tomar en cuenta la categoría de los condenados, y ni aún respetó que fueran mujeres, como en el caso de María Trinidad Sánchez, hermana del prócer trinitario. Más liberal, Báez, que se apoyaba en la clase media y en los pequeños propietarios, tuvo menos fuerza política que Santana mientras vivió el guerrero del Este pero sus seguidores eran irreductibles, conspiraban aún al pie del patíbulo, y a lo largo de los años lo llevaron cinco veces a la presidencia de la república.

Pedro Santana era jefe nato de campamentos, de manera que el grupo que él representaba tuvo durante más de quince años la mayor autoridad en los cuarteles. Esa autoridad era mucha, porque durante once años todo dominicano en edad militar tuvo que tomar armas para combatir al haitiano. De una manera u otra, bien porque su cargo le ganaba la lealtad de gran número de oficiales, bien porque los ascensos eran hechos sobre todo entre sus amigos, es el caso que Pedro Santana, y lo que él representaba, llegaron al año de 1861 con poder suficiente para transformar al país de república en colonia.

Con efecto, en marzo de 1861 el general Santana proclamó a la República Dominicana anexionada a España, con él al frente de la colonia con el grado de capitán general y el titulo de Marqués de Las Carreras, nombre de una histórica batalla que él mismo había ganado contra fuerzas haitianas, doce años atrás.

A la altura de 1861 Santo Domingo debía andar por los doscientos mil habitantes. Unos cuantos grandes propietarios eran dueños de extensiones de tierras dedicadas sobre todo a la ganadería y a los cortes de madera. La gran masa campesina vivía pobremente, del cultivo de los frutos menores y del trabajo de peones. El comercio era mayormente pequeño y las pocas firmas exportadoras e importadoras estaban en manos de extranjeros. Se producía tabaco, cueros, maderas, cera, maíz, frijoles.

La anexión a España fue rápidamente aprobada por las autoridades de todo el país. En las plazas de los pueblos se descolgó la bandera dominicana, de cruz blanca y cuarteles azules y rojos, y en su lugar se izó la roja y amarilla; se dispararon salvas y se proclamó a Isabel II como reina de la tierra. Las funcionarios aplaudían y gritaban; el pueblo asistía a los actos sin que comprendiera su significado, puesto que ignoraba la causa de tal cambio.

Por esos días, en Cuba se conspiraba para luchar por la independencia; en Venezuela se libraba la sangrienta guerra federal. América marchaba hacia el porvenir, aunque diera tumbos.

En Santo Domingo estaba ya arraigada la simiente materna de Rafael Leonidas Trujillo, que había sido llevada al país por la invasión haitiana de 1822, en la carne de Diyetta Chevalier, y con la ocupación española de ese año de 1861 iba a llegar la simiente paterna. Dos ocupaciones extranjeras, pues, iban a producir biológicamente al futuro dictador dominicano.

IX
NACIMIENTO DE TRUJILLO
BAJO EL SIGNO DE LA TIRANÍA

Con los ejércitos españoles llegó a Santo Domingo un sargento de sanidad militar, adscrito al servicio de veterinaria. Parece que era canario y se llamaba José Trujillo Monagas. Fue destinado a una plaza del Sur y allí conoció a Silveria Valdez, criolla, probablemente nacida durante la era haitiana.

Por lo que se dice de ella, Silveria Valdez fue mujer de energía singular; comerciante, tratante en ganado, dueña, en sus últimos años, de un pequeño hotel en San Cristóbal. Naturaleza enérgica, debió tener valor, ya que en esos tiempos no era fácil para una mujer comerciar y levantar una familia, viajando a caballo a sitios distantes, expuesta a las sorpresas desagradables habituales en un país que durante años estuvo azotado por revoluciones y por cuadrillas de salteadores que merodeaban por los campos. Tuvo actividad política como partidaria de Buenaventura Báez y en cierta ocasión fue expulsada a Puerto Rico debido a esas actividades.

En cuanto a Trujillo Monagas, terminó sus días como inspector de policía en La Habana. Todo indica que en esas funciones demostró capacidad y dedicación al trabajo. Por un pequeño volumen de memorias que publicó en vida se colige que padeció cierta manía de grandeza; que se creyó personaje importante en la historia del agónico imperio español. Se ligó a los cubanos por matrimonio; tuvo familia cubana y durante la última guerra hispano-cubana era todavía inspector de policía, pero no parece haber actuado como perseguidor de insurgentes.

Silveria Valdez tuvo un hijo de Trujillo Monagas, y ese hijo se casaría con una nieta de Diyetta Chevalier; fruto de este matrimonio sería Rafael Leonidas Trujillo, en quien vinieron a reunirse la sangre de los invasores haitianos de 1822 con la de los ocupantes españoles de 1861. Ese origen físico de Rafael Leonidas Trujillo parece casual, y puede serlo; pero las casualidades van a proseguir en la vida de Trujillo y no será por casualidad que en él resultarán personificados todos los males del país, como si él fuera el fruto de las peores fuerzas de la historia nacional. La Historia tiene a veces el capricho de condensar sus fuerzas peores y sus fuerzas mejores, y así como da un Bolívar o da un Martí, esencias humanas de lo mejor de sus pueblos, da un Trujillo, en quien resume todo el vigor de los errores colectivos.

Pero dejemos por ahora a Trujillo, que tardará treinta años en nacer. La República Dominicana es de nuevo, y por tercera vez, colonia española. Esto sucede en 1861. En 1863, sin concierto previo, comenzaron los brotes de rebelión. En poco tiempo el país ardía en guerra. Jefes que en las antiguas facciones habían tenido papeles secundarios y nuevos jefes salidos de la entraña del pueblo como Gregorio Luperón, acaudillaban a los dominicanos en la lucha contra los españoles y los santanistas, aliados en la guerra. En medio de la contienda murió Pedro Santana.

En el fondo la lucha resultaba una resurrección de las pugnas entre santanistas y baecistas, pero esta vez un baecismo sin Báez; de manera que en la trama de la guerra se advertía un contenido social y político, puesto que las masas criollas pasaban a ser acaudilladas por la gente para formar el partido de los azules, que reclamaba caminos, escuelas, puertos, bancos, y cuanto era parte de la concepción liberal del Estado en el siglo XIX.

La guerra terminó en 1865 con el reconocimiento de la restaurada República Dominicana; y con los soldados españoles que fueron trasladados de Santo Domingo a Cuba, marchó José Trujillo Monagas. El antiguo sargento murió sin saber que en la pequeña y pobre villa de San Cristóbal, en tierras dominicanas, le había nacido un nieto a quien llamaron Rafael Leonidas. Ese nieto llevaría su apellido; durante sus años de juventud recordaría físicamente al abuelo, si bien este último usó largas patillas; en su fondo temperamental se parecería también a él; se inclinaría, como él, al oficio de las armas; sería meticuloso, con alma de buen policía; heredaría, aumentada, su propensión a la manía de grandeza, y si bien algunas de sus condiciones le provendrían de la abuela, de haber vivido hasta conocerle, el abuelo habría llegado a reconocerse en él.

Terminada la guerra, los combatientes de la Restauración no quisieron reconocer a Báez como jefe del partido azul. Báez había aceptado la anexión; más aún, había aceptado ser mariscal español. Por lo demás, comerciantes y clase media eran ya gente nueva, una generación distinta; y querían un gobierno que aplicara en el país las medidas de progreso que se generalizaban en otros países americanos. Repudiado por esa generación que debía ser su partidaria, y por los antiguos santanistas, Báez tuvo que atenerse al apoyo de los núcleos más conservadores de sus viejas huestes. De manera que al renacer la república Báez representaba lo opuesto a lo que vagamente había representado cuando comenzó a ser caudillo.

Entre rojos y azules, unas veces con Báez en el poder y otras con Báez en el exilio, los años fueron pasando en asonadas, motines, golpes de Estado, revoluciones; amenazas de anexión a Estados Unidos y divisiones y subdivisiones de fuerzas; gobiernos provisionales, gobiernos constitucionales

que resultaban pasajeros; juntas, triunviratos, elecciones ama-
ñadas; hasta que esa etapa culminó en el cuarto gobierno de
Báez, que duró seis años —de 1868 a 1874— y que no le
economizó ningún sufrimiento al pueblo dominicano. Para
acabar con el baecismo, los rojos y los azules se unieron; y
comenzó un período de progreso nacional que se mantendría
hasta fines de siglo, si bien en los años finales resultó desviado
por la tiranía de Ulises Heureaux. Todavía volvería Báez al
poder, pero transitoriamente, hacia el 1877; y habría aún
muchas conmociones antes de que se lograra una era de paz
propensa al desarrollo del país. Pero esa paz se lograría, por
primera vez desde que existía la república.

En los años que corren de 1880 a 1890, sin duda debido
a buenos precios de los productos del país en el mercado
mundial, pero también debido a la presencia de inmigrantes
forzosos lanzados al país por la guerra de los diez años en
Cuba y por las luchas civiles en otros países americanos y
sobre todo por la voluntad progresista del partido azul, Santo Domingo tuvo un verdadero florecimiento que fue desde
el establecimiento de la escuela nacional hasta la fundación
de los primeros centrales azucareros. Lo primero fue la obra
de Eugenio María de Hostos, que se convirtió en el director
intelectual de la república, y no sólo forjó maestros y maes-
tras sino que propagó toda suerte de ideas nuevas, impulsó
el estudio de Spencer y del positivismo comtista con sus
naturales consecuencias políticas y económicas, y formó el
grupo de jóvenes más brillante que ha conocido la historia
del país.

En el florecimiento surgieron periódicos, escritores, poetas, algunos de ellos muy valiosos; se organizó la hacienda
pública; se creó un ejército, se creó una marina; se tendieron
líneas telegráficas y el país se conectó telegráficamente con el
mundo; se construyó un ferrocarril en la región del Cibao, se

levantaron edificios oficiales y privados en la mayoría de las ciudades. El azulismo, en fin, se preparaba, sin saberlo, para crear la burguesía nacional.

Pero el azulismo dio de sí la dictadura de Heureaux. Este Ulises Heureaux había nacido llamándose Hilarión Level. Se dice que su madre era mestiza de Saint Thomas y que alguien entre sus progenitores era hijo de Level de Goda, el historiador y político venezolano, pero no se sabe si se trataba del padre. De inteligencia excepcional y valor a toda prueba, Hilarión Level se formó en los campamentos de la guerra restauradora; y cuando tuvo conciencia de su valía cambió su nombre por el de Ulises Heureaux; lo de Heureaux nadie sabe por qué; lo de Ulises, en homenaje a don Ulises Espaillat, que había sido un excelente gobernante azul[*].

El deber histórico de Heureaux, a quien el pueblo llamaba "Lilís" —no por sobrenombre de Ulises, como han pensado algunos, sino por sobrenombre de Hilarión—, y del grupo que le acompañaba en el poder, era mantener el tipo de política liberal que habían inaugurado los azules. Esto hubiera significado el desarrollo del núcleo comercial hasta que la capitalización y el auge del país llevaran a ese grupo al camino del desarrollo industrial. El grupo comercial prosperaba a base de producción agrícola creciente y las industrias habían empezado a instalarse, comenzando por la azucarera.

Pero el deseo de mantenerse en el poder llevó a Heureaux a favorecer los planes de un núcleo latifundista retardatario, formado sobre todo por hombres de su confianza, que habían sido compañeros suyos en los campamentos o que le eran personal y políticamente adictos. El latifundismo ganadero sin base técnica, sin sentido capitalista, de origen político, se convirtió en el

---

[*] Heureaux era el apellido de su padre, capitán de barco de nacionalidad francesa.

respaldo del dictador; y para atenderlo éste tuvo que caer, necesariamente, en una parcialización del régimen, que desviaba los medios del Estado en favor de un grupo privilegiado.

Sucedía sin embargo que esos latifundistas eran la garantía del continuismo de Heureaux. Ellos dominaban a las grandes masas campesinas con métodos típicos de caudillaje rural latinoamericano; y Heureaux necesitaba esas masas sumisas para prolongar su gobierno. Como Christophe en su época, Heureaux sacaba los soldados para su ejército del campesinado ignorante y sin tierra, y el ejército le garantizaba el mantenimiento en el poder al tiempo que los caciques latifundistas producían la indispensable base política de su régimen.

La dictadura de Heureaux comenzó a tomar cuerpo a partir de 1888 y era ya un régimen dictatorial en 1890. En 1891, el día 24 de octubre, nacía en San Cristóbal Rafael Leonidas Trujillo. Nació bajo el signo de la dictadura. Por esos días Ulises Heureaux vestía en los actos oficiales uniforme de gran gala; bicornio emplumado, frac galoneado con bocamangas doradas, pantalones de trencillas doradas, tahalí de hilos de seda, espadín al cinto y condecoraciones en el pecho. Sesenta años después Trujillo vestiría exactamente igual y todos los pueblos de América conocerían su retrato difundido por la prensa, con ese atuendo que usó en sus buenos tiempos el dictador Heureaux.

El poder es una fuerza creadora si se usa en favor del pueblo; es una fuerza destructora y nefasta si se usa contra el pueblo. Ulises Heureaux fue llevado al poder por una corriente económica y social avanzada. En la hora aciaga en que Heureaux usó los resortes del poder para crear una fuerza retardataria que le permitiera perpetuarse en el gobierno, desvió la corriente progresista dominicana y la lanzó al vacío, como si hubiera desviado un río fertilizante para hacerlo correr por una ciénaga. En el daño del país iba el suyo y el de su régimen, pero él tenía la pasión dominante del poder y no pudo sustraerse a esa pasión.

El desarrollo de la ganadería, el cultivo del café y del cacao, consumieron gran parte del ahorro nacional, y antes de que el café y el cacao pudieran dar su fruto se presentó la gran crisis mundial de 1896-1898 y con ella la quiebra de la economía dominicana. Esta no estaba organizada para sobrevivir a un golpe fuerte. La moneda se desvalorizó en forma alarmante; de los fondos fiscales la mayor parte se gastaba en el ejército, la marina, en erogaciones personales y políticas del dictador. La dictadura quiso mantener el valor de la moneda con medidas de fuerza, fusilando a los que no la aceptaban y quemando billetes bancarios en las plazas públicas. Los sectores comerciales se enfrentaron abiertamente al tirano, al extremo de que el jefe de una de las firmas más fuertes del país encabezó una revolución, que fue vencida. A los grupos comerciales se unían la clase media, los profesionales, la juventud, los pequeños propietarios rurales.

Por fin, una conjura de pequeños propietarios y profesionales culminó en la muerte de Heureaux. Cayó abatido a tiros, en la ciudad de Moca, en julio de 1899. En el momento mismo de su muerte se inició en Santo Domingo una era de revoluciones y una división caudillista de tal violencia, que acabaría hundiendo al país en un abismo de males.

De ese abismo iba a salir Rafael Leonidas Trujillo encabezando la era más sufrida del Pueblo dominicano.

X
DE LAS LUCHAS CIVILES A LA OCUPACIÓN NORTEAMERICANA DE 1916

Hasta el momento en que muere Ulises Heureaux, cuatro siglos después de haber iniciado España la conquista de su tierra, el pueblo dominicano tuvo sólo dos oportunidades de acompasar su historia al ritmo americano. La primera fue hacia 1785, cuando el país expandía sus posibilidades económicas, culturales y políticas al estímulo de las medidas de gobierno impuestas por la monarquía borbónica, y especialmente por el régimen del "despotismo ilustrado" que encabezó Carlos III. La segunda se presentó cien años después, cuando los azules aprovecharon buenos precios mundiales para los productos criollos y usaron la presencia de capitalistas y expertos cubanos y de un educador de la categoría de Hostos para poner en práctica medidas liberales mercantilistas y culturales que en poco tiempo hicieron avanzar a trancos la economía, la cultura y la política.

La primera oportunidad fue malograda por la intromisión de fuerzas exteriores, que de manera inmediata habían sido desatadas en Haití por la Revolución Francesa, pero que pudieron ser tan destructoras en Santo Domingo porque los errores coloniales del imperio español habían creado la atmósfera apropiada a la catástrofe.

La segunda oportunidad resultó frustrada por la tiranía de Ulises Heureaux, cuya razón de ser inmediata fue la pasión de poder del gobernante, pero cuyas raíces históricas y sociales estaban en la debilidad de los fundamentos económicos, sociales y culturales del pueblo. En una sociedad que hubiera tenido mejores bases y desarrollo más sano y normal, Ulises Heureaux no hubiera podido desviar la corriente progresista.

A la muerte de Heureaux esa debilidad profunda de la sociedad dominicana afloró a la superficie en la forma más elemental de expresión política: el caudillaje personalista, la agrupación de los hombres tras otros hombres que no ofrecían nada más que su atractivo personal.

El proceso por el cual las masas entregan su destino a un caudillo tiene en el fondo un contenido sexual, mezclado desde luego al contenido político y social. En cuanto a lo primero, las masas toman una actitud femenina, de hembras enamoradas, y como no puede haber realización del deseo sexual, la inclinación hacia el caudillo se torna idolatría. Por razón de la fuerza política que recibe de la masa gracias a esa idolatría, el caudillo se hace todopoderoso, y una vez consciente de su poder comienza a actuar a impulso de sus reacciones personales, con lo que acaba sobreponiendo éstas al interés superior de su partido o del país. Señalará para una función a aquel que le sea más simpático o más adicto, no al que sea más competente; y aún entre sus adictos pospondrá a los que le simpaticen menos en favor de los que le caen mejor. El partido, primero, el pueblo y la república por fin, serán el ámbito en que se moverán sus inclinaciones personales, no los objetos de sus preocupaciones y responsabilidad. Al final de este proceso, el caudillo sustituye el país por su propia imagen.

A la muerte de Heureaux el pueblo dominicano se adscribió a dos caudillos. Uno, don Juan Isidro Jimenes, había sido durante años el jefe de la casa comercial más fuerte del país; cuando Heureaux comenzó a desviar el poder del gobierno hacia los latifundistas y a utilizar a los comerciantes que le eran leales sólo como instrumentos para obtener dinero, Jimenes, en defensa de sus propios intereses pero también interpretando el momento histórico, organizó una revolución contra el dictador. La revolución fracasó, pero Jimenes quedó consagrado como jefe político y a la caída de Heureaux alcanzaría la presidencia de la República.

El otro, Horacio Vásquez, procedía de una familia de propietarios campesinos y negociantes medianos, y por su matrimonio había entrado a formar parte de una familia de comerciantes fuertes. Inclinado en su juventud a la política, estuvo en el destierro en los primeros tiempos de la tiranía; al volver al país organizó la conspiración que culminó con la muerte de Heureaux, y fue vicepresidente en el gobierno de Jimenes.

Alrededor de esos dos hombres que políticamente no representaban divergencias sensibles, se agrupó el pueblo en dos partidos. Los jimenistas se llamaron "bolos", porque su emblema era un gallo sin cola; los horacistas se llamaron "rabudos"—o "rabuses", en el habla popular—, porque su emblema era un gallo coludo.

El jimenismoy el horacismo —o los "bolos" y los "rabudos"— se definieron como fuerzas opuestas mientras sus dos jefes formaban gobierno, y antes de que terminara el período para el cual habían sido electos, el vicepresidente se alzó en armas contra el presidente. Esto sucedió en abril de 1902. La era de facciones en guerra iba a prolongarse catorce años, para terminar en 1916 con la ocupación militar norteamericana.

Ni Jimenes ni Vásquez eran políticos, en el sentido en que ninguno de los dos, y estamos por decir que tampoco los hombres que formaban sus respectivos equipos de ayudantes, tenía idea de cuáles eran las causas profundas de los males dominicanos. Aunque Hostos había enseñado sociología veinte años atrás y por esos días estaba de nuevo en el país difundiendo sus ideas, sus prédicas no habían formado todavía una conciencia general; por otra parte la sociología de la época era comtista, muy adicta al estudio del mecanismo social, no al de las fuentes de los fenómenos. En el criterio caudillista de Vásquez y de Jimenes y de los grupos que formaban sus estados mayores, lo que contaba era la actitud personal de cada quien: Fulano se alzaba en armas porque odiaba a Jimenes; Mengano, porque Vásquez le caía mal.

La verdad es que la incorporación de casi todo el país en dos partidos caudillistas, que prácticamente tenían iguales programas y que se igualaban también en la falta de organización y en la sumisión a la voluntad de los dos jefes, indicaba a las claras que el pueblo dominicano se hallaba en una etapa elemental de su desarrollo político. Pero el hecho de que las masas campesinas tomaran las armas para matarse al grito de "viva Horacio" o de "viva Jimenes" obedecía a un fenómeno social profundo. Los campesinos formaban el grueso de las "revoluciones" horacistas o "bolas" por causa del latifundismo que había prohijado Heureaux y que el gobierno Jimenes-Vásquez había dejado intacto. De un lado estaban los campesinos llevados al ejército por Heureaux; era ya gente desarraigada del campo, hecha a la vida de los poblados y a los privilegios que da el uniforme; de otro lado estaban los campesinos sin tierra, que se iban a los combates, a menudo sin que ellos mismos lo comprendieran, a conquistar posiciones que les permitieran convertirse algún día en propietarios; de otro lado estaban los que seguían a los latifundistas que se unían a las luchas civiles para defender sus bienes, y por último se hallaban los lanzados a la guerra por la presión del ambiente "revolucionario". En todos los casos, ser "bolo" o ser "rabudo" daba igual, si en cualquiera de los dos bandos había oportunidad para ganar rango y bienestar jugándose la vida.

Pero además de esas razones dominicanas, en las guerras civiles de Santo Domingo había otras que no eran nacionales. Había sucedido que hacia 1869, bajo el cuarto gobierno de Báez, se había contratado en Londres un empréstito de 420,000 libras esterlinas; casi veinte años después, en 1888, en el segundo período presidencial de Ulises Heureaux se negoció otro empréstito, esta vez de 770,000 libras esterlinas, que fue suscrito por una firma holandesa. Del segundo se pagó la deuda del primero. Ahora bien, en 1892, en el tercer período presidencial de Heureaux, las acreencias holandesas pasaron a manos norteamericanas, mediante el expediente de crear una empresa llamada la "San Domingo Improvement Company of New York", y esta empresa comenzó a manejar los hilos de la trama política que debía culminar con la ocupación militar norteamericana de 1916. Ya en los últimos años de Heureaux el Departamento de Estado de Washington había tomado partido contra el dictador, al extremo de que dio toda suerte de ayuda a la fracasada revolución que encabezó Jimenes.

El gobierno de Jimenes había tratado de obtener dinero en Europa, y la "San Domingo Improvement" se movió para estorbar esas negociaciones. El gobierno quiso desconocer la autoridad de la compañía para representar a los antiguos acreedores europeos, y envió un delegado a Europa; los "rabudos" protestaron. La historia no está clara todavía. Pero es el caso que cuando Vásquez tomó el poder, después de haber derrocado a Jimenes en 1902, se llegó a un arreglo con la "San Domingo Improvement" por el cual se le reconocía una acreencia de cuatro millones quinientos mil dólares. A partir de ese momento Santo Domingo comenzaba a girar en la órbita de Washington; flotas de guerra se presentaban a menudo en sus aguas, bajo el pretexto de que necesitaban proteger sus intereses; la Legación norteamericana pasó a jugar papel de importancia en las intrigas políticas nacionales; se forzó, mediante soborno y amenazas, la contratación —en Estados Unidos, desde luego— de un empréstito mayor y la entrega de las aduanas dominicanas a un receptor general que sería nombrado por el presidente de Estados Unidos.

Entre motín y motín, mientras miles de dominicanos morían a los gritos de "viva Horacio" y "viva Jimenes", el imperialismo iba tendiendo sus redes, envolviendo en ellas al infortunado país, y a menudo su labor consistía en recoger la leña para la hoguera, encender la llama y soplar. Santo Domingo se desangraba, pero Washington tenía en una mano el cuchillo que hería y en la otra el cuenco en que caía la sangre.

En el prolongado caos que siguió a la muerte de Heureaux no quedaron en pie sino los bienes físicos que el país había logrado en las administraciones azules: los edificios públicos y privados, el ferrocarril, el telégrafo, las fincas de cacao y café, los aserraderos. Todo lo demás fue consumido por las armas. Santo Domingo se descapitalizó a un grado bajísimo, y mientras se descapitalizaba los empresarios norteamericanos iban entrando en competencia con cubanos y dominicanos en la producción de azúcar; unos años después, cuando la guerra europea de 1914-1918 provocó mejores precios para el azúcar, los capitalistas de Estados Unidos vieron en la tierra dominicana una extensión de la de Cuba, lo que hizo de Santo Domingo la víctima directa de la política imperialista de Wall Street y Washington.

Entre 1902 y 1916, el país conoció unos catorce gobiernos, unos provisionales, otros constitucionales; todos igualmente pasajeros. Ninguno de ellos tuvo paz. La gran crisis en los precios de los productos agrícolas de fin de siglo pasó, y los mercados mundiales comenzaron a mejorar; mas se presentó otra caída hacia 1906-1910; después, mejoraron de nuevo. Pero los productores dominicanos no pudieron beneficiarse de esas alzas. Los beneficios alcanzaron sólo al comercio exportador, que se hallaba principalmente en manos extranjeras y pagaba barato porque compraba "a la flor", esto es, antes de cada cosecha, manera cómoda y segura de ejercer la usura sobre el campesinado hambriento. Por lo demás una parte de la masa no se benefició porque no producía; vivía en los campamentos, arma en mano; iba a sus conucos sólo de paso, mientras le llegaban las órdenes de sus caudillos, que en los escasos días de paz preparaban las próximas "revoluciones".

El país no tenía caminos, no tenía salubridad, no tenía escuelas. El tesón de algunos grupos progresistas mantenía algunos centros de estudios, pero eran más los días en que estaban cerrados que aquellos en que trabajaban. Todas las ciudades importantes conocieron sitios armados, algunos de ellos largos y angustiosos, y muchas fueron escenarios de batallas sangrientas.

Al morir Heureaux debía haber unos quinientos mil habitantes en los cincuenta y seis mil kilómetros cuadrados a que la continua expansión haitiana había ido reduciendo el territorio nacional. Ya no era un número despreciable. Aunque con un siglo de atraso en el desarrollo demográfico, en relación con Cuba, por ejemplo, Santo Domingo parecía a punto de tomar el camino apropiado para convertirse, veinte años después, en un país mediano de una América en progreso.

Pero las guerras civiles destruyeron esas posibilidades. Paralizada la inmigración, agotada la economía, perdido el crédito nacional; sin paz, sin producción y sin destino a la vista, la tierra que Colón había escogido para solar de su casa parecía en trance de agotamiento.

En mayo de 1916 los males del caudillaje daban su amargo fruto: una escuadra norteamericana anclaba frente a Santo Domingo de Guzmán; un capitán de navío declaraba el país militarmente ocupado por la infantería de marina de Estados Unidos y designaba tenientes de esa arma para los cargos ministeriales. El gobierno, presidido por Jimenes, quedaba desconocido; el presidente se iría al destierro, y el ministro de la guerra, que se hallaba en armas contra su gobierno, se sometería a los dictados del ocupante extranjero. Era una agresión imperialista, un abuso imperdonable de fuerza ejercido en un país débil; pero el pueblo dominicano, con el alma envenenada por la pócima caudillista, no tenía ya capacidad para reaccionar. Algunos pocos lucharían, unos con las armas en la mano, otros con la letra impresa, otros con la palabra, otros denunciando en América la agresión. Pero ni aquellos ni estos tuvieron poder para evitar el crimen.

La República había muerto, y su cadáver iba a dar vida a una nueva era, que Rafael Leonidas Trujillo, colocándose a la altura de Cristo, bautizaría con su nombre.

XI
Trujillo: Fruto de tres invasiones militares

Rafael Leonidas Trujillo había cumplido veinticuatro años seis meses atrás, cuando las tropas yanquis tomaron posesión de su país. Había pasado su infancia en San Cristóbal, en el hotel rural que era el hogar de su familia. Allí había tratado a gentes "de primera" de la capital que iban de veraneo a San Cristóbal, y allí había sufrido las primeras humillaciones que se le hicieron por haber nacido "de segunda".

Es probable que el niño Rafael Leonidas padeciera en sus primeros años un choque de tipo psicológico al nacer el segundo de sus hermanos. Todavía hoy, casi setenta años después, él y ese hermano no mantienen buenas relaciones. Rafael Leonidas se mostró pronto ambicioso y agresivo. En sus tiempos de mocedad trabajó como telegrafista. Casó a eso de los diecinueve años y tuvo su primera hija a la que llamó Flor de Oro. Se sabe que por esa época era dominante y que escribía cartas a amigos de su edad en que los llamaba "presidentes" y él firmaba con el título de "jefe del ejército". Vestía con modestia pero con cuidado; era fuerte al beber y se expresaba con corrección prosódica, aunque su lenguaje estaba matizado de palabras gruesas. Leía algo; tenía letra segura, con las iniciales de su nombre desproporcionadamente grandes; a menudo recitaba versos y se proclamaba admirador de los caudillos de armas. Uno de sus amigos recuerda que cuando trabajaba como telegrafista en una población cercana a San

Cristóbal, se mostró desnudo un día, en el patio de la oficina telegráfica, a fin de escandalizar a dos señoras vecinas que se habían manifestado disgustadas por ciertas reuniones de jóvenes bebedores que se celebraban en la oficina del telégrafo. En esa época no podía herir físicamente, pero ya sabía herir el alma ajena en el punto más sensible.

Un tío del joven Trujillo, Chevalier* de segundo apellido, llegó a ser secretario de uno de los jerarcas de la ocupación militar. Con recomendación de ese jerarca, Rafael Leonidas, que iba ya por los veintisiete años y trabajaba como jefe de la policía privada de un central azucarero**, obtuvo una plaza de subteniente en la escuela militar que habían establecido los yanquis cerca de la Capital.

Tras haber ocupado el país, los invasores procedieron a desarmar al pueblo y a licenciar las tropas; inmediatamente después organizaron una fuerza mercenaria, formada por dominicanos pero con oficialidad norteamericana; con uniforme, métodos, disciplina, voces de mando y armas de la infantería de marina. Llamaron a esa fuerza "policía nacional" y el pueblo la bautizó "guardia nacional". La Guardia tenía funciones de ejército y de policía rural. Una vez creada la Guardia, los ocupantes extranjeros trataron de crear oficialidad dominicana. Pero los jóvenes dominicanos que se inclinaban a la carrera militar no se atrevían a pedir ingreso en la escuela de oficiales; sólo algunos "de segunda" lo hicieron. Entre ellos estaba Rafael Leonidas Trujillo. Esto sucedía en 1919.

He aquí que cien años atrás una invasión militar haitiana había llevado al país con Diyetta Chevalier, la simiente materna de Trujillo; sesenta años antes una invasión militar española llevó, con José Trujillo Monagas, la simiente paterna;

---

*   Se trata de Teódulo Pina Chevalier (N. del E.).

** Guardacampestre era el nombre de ese tipo de policía rural (N. del E.).

y en 1916, la invasión militar norteamericana creaba la organización que serviría para hacer a Trujillo el jefe militar de Santo Domingo. Los invasores de 1916 creaban esa organización después de haber desarmado al pueblo, tras haber ido casa por casa buscando cuanta arma pudiera haber en el país, de manera que la Guardia Nacional iba a ser la única depositaria del poder armado nacional; nadie tendría medios para oponerse a ella. Rafael Leonidas Trujillo no tardaría en ser el jefe de esa fuerza en un país que carecía en forma absoluta de organización política porque las únicas agrupaciones políticas no se basaban en opiniones sino en el atractivo personal de los caudillos; en un país que carecía de organizaciones civiles, sindicales o de otro tipo, de escaso desarrollo económico y social y dividido en castas sin base.

Al llegar a este punto, el que estudia la historia dominicana tiene que reconocer que resultan ya muchas las casualidades que ligan la vida de Trujillo al acontecer nacional. Las grandes líneas sobre las que se formó el pueblo se cruzan en un momento dado, y al cruzarse dan de sí la naturaleza biológica, psicológica y militar de Rafael Leonidas Trujillo.

Hasta el momento en que llega a la jefatura de la Guardia Nacional, Trujillo fue el resultado nítido de la propia historia dominicana. Después él usará en su provecho las debilidades del pueblo, prolongará sus males y los ahondará a extremos nunca antes vistos, y al prolongarlos y ahondarlos afirmará su régimen con tal fuerza que ningún dominicano, partidario o adversario de su tiranía, podrá vivir al margen de su potestad.

Como su abuelo José Trujillo Monagas, Rafael Leonidas era meticuloso, atendía a sus deberes, tenía vocación de policía, y la Guardia era una fuerza policial; como su abuela doña Silveria Valdez, era activo, enérgico, ambicioso, y tenía sentido comercial. Deformado por el medio social, quería ser importante a toda costa. La importancia se le presentaba como contenido natural de una función, como parte esencial de un cargo; y él era oficial. Se le presentaba además como fruto de la riqueza y del poder, y para alcanzar ambas cosas tenía una posición de poder. Por último, necesitaba ser "de primera", a lo cual podría llegar por la vía política y para transitar esa vía contaba con la fuerza militar.

De no haber habido ocupación norteamericana, Trujillo no hubiera podido contar con fuerza militar. Pues tenía más de veinticuatro años cuando los invasores desembarcaron de sus buques de guerra, y hacía ya diecisiete años que el país estaba en armas sin que él se inclinara a tomar partido en las contiendas. Fuera de los campamentos, un joven podía hacer carrera en el estudio, como abogado o como médico, y Rafael Leonidas no había mostrado inclinación a los estudios. O podía dedicarse a la actividad política o al comercio.

Trujillo no fue nada de eso. Le llamaban los cuarteles, pero si no había guerra. Era trabajador, activo, ordenado, pero no para crear sino para sacar provecho de lo ya creado. Una organización militar en tiempos de paz, aunque fuera bajo bandera extranjera, era el ambiente adecuado al desarrollo de su personalidad. Y los invasores establecieron ese ambiente. Sin él, Santo Domingo no hubiera conocido a Trujillo.

En cinco años, Rafael Leonidas ascendió a mayor. Cuando en 1924 cesó la intervención militar, y el pueblo, que no había superado su debilidad caudillista, eligió presidente a Horacio Vásquez, Trujillo hizo valer sus antecedentes "horacistas" para llegar a teniente coronel; un año después era coronel jefe de la Guardia Nacional, porque el jefe que habían dejado los yanquis era de procedencia "bola".

A los treinticuatro años, en una carrera afortunada de seis años, Rafael Leonidas Trujillo había pasado del anonimato a la jefatura militar del país; de la humildad económica a una posición importante; de la obediencia al mando. Pero había nacido "de segunda" y la gente "de primera" seguía despreciándole. Para alguna de esa gente "de primera" el desprecio debía tener un fundamento moral, porque corrían rumores sobre la peligrosidad de Trujillo y su dedicación a negocios ilícitos. Pero no podemos olvidar que había personas "de primera" que habían cometido crímenes, que habían tenido vida licenciosa, y que no sufrían el desprecio de su grupo.

Desde los días de la ocupación haitiana había habido en Santo Domingo pequeños núcleos minifundistas. En realidad, la tierra tenía poco valor en el país; en cierto sentido, dada la pobre densidad demográfica, sobraba y era mayormente fértil. Valía cuando estaba cultivada. Pero la organización de un sector latifundista fue haciendo precaria la situación del campesino sin tierra, y durante las revoluciones que siguieron a la caída de Heureaux el minifundismo fue tomando cuerpo, sobre todo en las zonas del Cibao, al Norte, y del Este, al Oriente. Los campesinos tenían entonces armas para defender su pedacito de tierra.

Ahora bien, eran minifundios demasiado mínimos; el paño de terreno que un hombre trabajaba con su machete, y en cierto sentido ese minifundismo hacía al campesino un marginado de la economía nacional, puesto que lo transformaba en casi autárquico a base de un nivel de vida bajísimo. De todas maneras, el campesino que quería sembrar tomaba posesión de un pedazo de tierra y se ponía a cultivarlo. La ley reconocía prescripción, esto es, posesión legal pasado algún tiempo de haberse iniciado y mantenido la posesión de facto.

El proceso estaba en marcha en los primeros treinta años del siglo. Todavía hacia los años del veinte abundaba en el país el campesino nómada, que cercaba un poco de tierra, lo talaba, lo sembraba y lo abandonaba después de la primera o la segunda cosecha. Las cosechas eran generalmente de maíz, frijoles y arroz, que se recogen a los tres meses.

El papel más importante que jugó la ocupación militar norteamericana, desde el punto de vista de la organización económica, fue el de parar en seco, primero, y destruir después, el avance del minifundismo en las regiones del país escogidas por los capitalistas yanquis para la explotación de la industria azucarera. Los azucareros necesitaban tierras, y la infantería al campesinado. En esa repugnante faena de despojo se recurrió a los peores métodos y la Guardia Nacional fue usada en su aplicación. Como teniente de la guardia, el propio Trujillo participó en la tarea. Después, la ocupación militar consagró los despojos con la creación de un tribunal de tierras cuyo fin primordial era asegurar a los inversionistas azucareros las buenas tierras que se habían apropiado con ayuda de los invasores; y ese tribunal fue el instrumento que debían usar los latifundistas criollos, en las regiones no azucareras, para confirmar su señorío sobre grandes extensiones.

Al final de la guerra mundial de 1914-1918 el precio del azúcar había subido a las nubes; y con él el precio del tabaco, del cacao, del café, de los cueros, de la cera, de las maderas, todos los cuales eran productos que Santo Domingo exportaba. Pero entre los años 1920 y 1921 los precios se vinieron abajo; de treinta dólares, las cien libras de azúcar llegaron a valer menos de un dólar; en forma correlativa bajaron los otros renglones.

La baja se produjo mundialmente, desde luego, e imponía una reducción en el mercado productor de azúcar. Al mismo tiempo los bancos norteamericanos —e ingleses— que se habían establecido en Santo Domingo en los años de la ocupación, y habían estado financiando la producción nacional a tan altos precios, se vieron de improviso con sus fondos convertidos en bienes de dudoso porvenir, negocios y casas y propiedades que habían sido dados como garantías de los préstamos.

La súbita y profunda caída económica mostró el aspecto débil de la ocupación militar: Santo Domingo no era buen negocio. Puesta al desnudo por la gran crisis, se veía que la trama económica dominicana era demasiado precaria para mantener una política de ocupación militar, cuando no se mantenía en Cuba, donde las inversiones norteamericanas en azúcar eran por lo menos veinte veces mayores. Entonces comenzó a buscarse una fórmula para abandonar el país, al tiempo que la agitación dominicana en demanda de la libertad nacional, estimulada por la crisis, iba en aumento.

Antes de dejar la presa, los ocupantes forzaron la contratación de otro empréstito de veinte millones de dólares, con lo cual prolongaban su dominio sobre la renta aduanera dominicana; se aseguraron de que lo hecho por el Tribunal de Tierras y la legislación militar de la ocupación no sería desconocido; se garantizó la continuación de la Guardia como único cuerpo armado nacional; y en julio de 1924 comenzaron a irse, mientras el pueblo aclamaba a Horacio Vásquez como presidente de la república y Rafael Leonidas Trujillo se afirmaba en el alto comando de la Guardia.

Y aunque en esos días se cumplían ocho años de paz, y había algunas carreteras —caminos de tierra, más bien— hechos bajo el régimen militar extranjero, y la gente veía con optimismo el porvenir, resultaba que en la base profunda la realidad dominicana no había sido modificada para bien. Había muerto Jimenes, pero mientras su contraparte —Horacio Vásquez— viviera, el caudillaje seguiría dividiendo al pueblo; la economía, predominantemente agraria y pastoril, más bien retrasada en relación con lo que había sido hacia 1880, no había recibido ninguna transformación, excepto en la ampliación de la producción azucarera mediante aplicaciones de fuerza de un capitalismo colonial, de factoría; no se habían creado organizaciones civiles que pudieran suplir la fuerza de los fusiles, con los cuales estaba armado el pueblo antes de la ocupación.

El fondo de la vida dominicana siguió siendo débil. Y cuando se presentara la gran crisis mundial de 1929, ese débil fondo se quebraría en mil pedazos, y de la quiebra surgiría Rafael Leonidas Trujillo como dueño, no ya sólo del poder militar que había heredado de los yanquis, sino también del poder político.

XII
LA CONQUISTA DEL PODER POLÍTICO

Hacia el 1926 el país iba recuperándose de la catastrófica crisis de 1920-1921. Pero era una recuperación refleja, que provenía de la mejoría del mercado mundial y por tanto de los precios alcanzados por los productos criollos de exportación. Pues no había mejoramiento intrínseco de la salud económica, porque no hubo medidas que favorecieran el desenvolvimiento nacional. Las alzas arancelarias, por ejemplo, obedecían a la necesidad de tener más entradas fiscales con que hacer más rico al gobierno, no a un plan para estimular la industrialización o nuevas inversiones agrícolas. En el orden agrario, salvo el aumento de producción provocado por el aumento natural de la población y por la apertura de nuevas zonas agrícolas gracias a los caminos carreteros que habían dejado los interventores, no se tomó ningún acuerdo fundamental. El grupo latifundista creado por Heureaux seguía disfrutando sus tierras, por sí o por sus hijos, y estos últimos pasaban a ser "dones" y transmigraban de casta, hacia la "de primera", puesto que eran más o menos ricos y no habían hecho su fortuna trabajando con sus manos.

Si se exceptúa la industria azucarera, el capitalismo moderno no funcionaba en el país; y aún en esa rama, era un capitalismo de factoría colonial, que tenía sus propias vías de comunicación, su organización comercial interna, para importar y vender cuanto consumían los trabajadores, su

sistema monetario —la ficha o vale, sólo canjeable en los comercios de las empresas— y su política privada.

Pero había libertades públicas, lo que permitía el gradual
desarrollo político y cultural; la prensa no tenía trabas y los
trabajadores comenzaban a organizarse en los llamados "gremios", etapa elemental del sindicalismo democrático.

Mas como el país seguía viviendo su noche caudillista,
Rafael Leonidas Trujillo aprovechó esa debilidad nacional,
que se reflejaba en el gobierno, para asegurar su posición de
mando. En la etapa caudillista la función política degenera
hasta ser, como dijera Hostos, la extensión del chisme personal al escenario de la Nación. Todo se atribuye a interés, reacción o pasión personal, y el caudillo no reconoce otro móvil
de la actividad política, en sus amigos o en sus adversarios, ni
estos admiten que haya un propósito más alto que el que se
refiere a sus necesidades y sus deseos. Siempre hay excepciones, desde luego, pero son escasas. Por otra parte, como toda
enfermedad en un cuerpo sin reservas, el caudillaje es un mal
progresivo y destructor cuando el pueblo que lo sufre está
social o culturalmente estancado; y ése era el caso de la República Dominicana hacia 1928.

El caudillaje, con sus expresiones visibles de chisme, intriga, divisiones personalistas en grupitos y perpetua floración
de ambiciones, fue el caldo que alimentó a Trujillo entre 1924
y 1928. Cautamente, Trujillo ofrecía su respaldo a cada cacique "horacista" que se mostraba con pretensiones de suceder
al presidente. Moviéndose por entre las intrigas, usando del
chisme cuando le era útil, y al mismo tiempo comportándose
como un jefe militar celoso de servir al gobierno, Trujillo es-
timuló la crisis política que debía presentarse al término del
mandato legal de Vásquez.

En esos años el jefe del Ejército manejó la fuerza pública
con eficiencia, y se manejó en el mar de la política con notable

habilidad. Pues Trujillo había traído al mundo una alma ambiciosa, pero también la capacidad de intriga y de simulación necesaria para poder usar en su proyecto la inestable y confusa atmósfera propia de los regímenes caudillistas.

En realidad, hay que rendir homenaje a sus excepcionales dotes de intrigante y a su enorme capacidad para la simulación. No olvidaba la menor ofensa, pero el ofensor vivía convencido de que estaba perdonado; forjaba un ejército que sólo a él obedecía, pero el Presidente, sus ministros y consejeros creían que ese ejército era una fuerza puesta sólo al servicio de la ley y del gobierno; era de orgullo satánico, y parecía humilde, al extremo que no alarmó a nadie con publicidad inoportuna; se enriquecía dentro del ámbito de sus funciones cobrando sueldos de soldados inexistentes, pero no daba qué decir porque no hacía negocios fuera de los cuarteles. Su naturaleza íntima seguía siendo la del joven que escandalizó y humilló a las señoras de Baní mostrándose desnudo, pero nadie podía imaginarse, diez o doce años después de ese incidente juvenil, que bajo su uniforme militar escondía aquella agresividad de sus años mozos. Su sentido de la autoridad era tal, que los contados amigos con los cuales celebraba bebentinas tenían que tratarlo con todo respeto y a distancia al día siguiente de una fiesta de hombres solos.

Ni aún esos amigos, que le conocían —o por lo menos le trataban con frecuencia— pudieron sospechar nunca que Rafael Leonidas Trujillo tenía la más desenfrenada ambición de poder, de dinero y de figuración que jamás haya tenido un hombre en América, ni fueron capaces de sospechar que además de la ambición tendría conciencia tan clara de cómo usar el poder para obtener riquezas y cómo manejar la suma de esas dos fuerzas para doblegar enteramente el pueblo a su voluntad y para mantenerse el resto de su vida figurando como amo y señor de la vida dominicana, sin más límite que el de su voluntad egolátrica.

La primera manifestación de la profunda crisis política que aquejaba al país se produjo en 1928, cuando Vásquez, cuyo período constitucional terminaba ese año, quedó prorrogado como presidente hasta 1930 merced a un truco leguleyesco. La lucha caudillista, que tenía por campo todo el país —desde la Capital al último poblado— no se libraba ya entre el partido de poder y uno rival, sino en el seno mismo del "horacismo". Afloraba día tras día un nuevo aspirante a suceder a Vásquez, y en la pugna por la sucesión los pretensos herederos preferían prolongar el mandato del Presidente; nadie quería ceder el paso a nadie.

Ese fue el momento crítico de Trujillo y el culminante en su tarea de gran intrigante. El jefe de la Guardia ofrecía ocultamente su apoyo a cada uno de los aspirantes a sucesores de Vásquez, pero le aseguraba al Presidente que la fuerza armada era "horacista" y que sólo respaldaría de manera total la prolongación de su mandato presidencial. Sin duda Trujillo debía opinar que si el Presidente escogía un sucesor, su posición corría peligro. Pero también debía pensar que el prestigio de don Horacio resultaba desmedrado con esa política de prolongación de mandato y de aspiración reeleccionista, sobre todo porque Vásquez había mantenido en su vida de caudillo armado la divisa de la no reelección.

Con su postura de leal a ultranza, Trujillo ganó en forma absoluta la confianza del Presidente. El anciano gobernante seguía siendo el caudillo indiscutido en su partido. En lejanos tiempos, la gente del pueblo había gritado: "¡Horacio Vásquez o que entre el mar!". Desde los años de la madurez el Presidente había usado una digna chiva que cubría su mentón; en su idolatría por el caudillo, la ingenuidad popular le había identificado con la santa de la devoción nacional, y las mujeres gritaban a su paso: "¡Es la Virgen de La Altagracia con chiva!". No era un autócrata, pero entre su gente su voluntad era ley. De manera que cuando él dijo que Trujillo era leal, el "horacismo" —con contadas excepciones— acató esa opinión como una sentencia inapelable. Y así, los aspirantes a sucesores del Presidente, que no podían dirigir su artillería de chismes contra Trujillo, le buscaron de aliado, con lo cual además del respaldo presidencial, el jefe del Ejército tenía el de todos los caciques del partido gobernante.

Se prorrogó, pues, el mandato presidencial dos años más, lo que quiere decir que don Horacio debía gobernar hasta 1930; e inmediatamente después de la llamada "prolongación" comenzó el movimiento para reelegirlo en 1930. Pero a fines de 1929 la economía capitalista se hundió en forma sorpresiva, en una de las crisis más profundas de toda su historia. El llamado *crack* de 1929 se produjo en octubre, y sus efectos fueron tan fulminantes que ya en diciembre el comercio estaba paralizado, no sólo en los países del Caribe, de economía dependiente —cuya producción agrícola, sobre todo, era de materias primas, o siendo industrial contaba mayormente con el mercado comprador norteamericano—, sino en los propios Estados Unidos, en Europa, en la lejana Asia. Como la catástrofe fue particularmente grave en Estados Unidos, la crisis estaba llamada a producir verdaderas conmociones en la zona de influencia del mercado comprador norteamericano. La América Latina estaba en ese caso, y todo su edificio económico crujió y comenzó a caerse a pedazos; y a seguidas de la perturbación económica se presentó la perturbación política. Hoy podemos volver los ojos, con perspectiva histórica, hacia el panorama de las tierras continentales en aquel año: Argentina, Brasil, Perú, Bolivia, Guatemala, Honduras, Nicaragua, Cuba; hasta pueblos de instituciones estables como Uruguay, Costa Rica y Chile estuvieron en revolución en 1930.

La hora de Rafael Leonidas Trujillo había llegado. Este es el momento de insistir en que ese hombre, producto psicológico de la deformación castista creada por la conquista, producto biológico de dos invasiones extranjeras, producto militar de la ocupación norteamericana, iba a ser, en el orden político, el producto de la descomposición caudillista y de la gran crisis económica de 1929. De manera que punto por punto, el destino del futuro dictador venía impuesto desde afuera y él era el producto de fuerzas extranjeras, con la excepción del caldo caudillista, que le alimentó y le dio fuerzas mientras esperaba el momento de traspasar la línea entre jefe militar y jefe político del país.

Ese caldo caudillista no era obra de extranjeros; había sido creación de los propios dominicanos; y si bien puede explicarlo la ignorancia y la escasa evolución social y cívica del pueblo, no se debe perdonar a los grupos dirigentes, que estaban en el deber de amortiguarlo y por lo contrario, lo exacerbaron. Su veneno fue intenso y prolongado, al extremo de que no lo eliminó ni siquiera la intervención armada norteamericana. Tampoco Trujillo lo eliminaría; al contrario, Trujillo iba a tomar las formas del caudillaje y las aplicaría de manera sistemática, con su característica persistencia, hasta imponer como normas de Estado los peores aspectos de ese mal nacional. El caudillaje rebajó la vida política dominicana a niveles increíbles; Trujillo aplica las manifestaciones más repugnantes del caudillaje no sólo a la vida política, sino incluso a la vida familiar de los dominicanos.

Vistos los sucesos desde hoy, quien estudie la historia actual dominicana tiene que convenir en que a partir de 1928 Trujillo pudo en cualquier momento dar un golpe militar y derrocar al presidente Vásquez. Trujillo tenía en sus manos una fuerza homogénea, y era la única fuerza armada nacional, pues la policía tenía sólo carácter municipal.

Sin embargo el golpe podía resultar cruento o podía dar lugar a conmociones que el propio Trujillo no estaba en capacidad de prever. Esperó, pues. Y la gran crisis económica de 1929 le entregó la fruta madura. Conjugada con la crisis política que el caudillaje había desatado desde 1928, la violenta crisis económica de 1929 creó las condiciones necesarias para que el Presidente pudiera ser derrocado fácilmente. El disgusto popular por la prórroga de poderes al Presidente, primero, y por la campaña reeleccionista después, fue inesperada y violentamente estimulado por la bancarrota económica. En febrero de 1930, Horacio Vásquez era derrocado por un movimiento que contaba con la complicidad de Trujillo; en agosto del mismo año, Rafael Leonidas Trujillo alcanzaba la presidencia de la república.

Como era lógico, Trujillo llevó al ámbito del poder sus condiciones personales; la energía, el sentido estricto de la autoridad y su consecuente capacidad para mandar; su don de organizador, sus dotes de intrigante, su actividad mental y física y su infatigable dedicación al trabajo. Por sí misma, ninguna de estas condiciones debía ser perjudicial para el país. Pues la capacidad de intriga, la menos positiva de ellas, puede ser puesta al servicio de fines superiores, sobre todo en política, y por tanto no es una cualidad extrínsecamente negativa.

El mal para el país estuvo en que Trujillo empleó sus dotes en forma antisocial; para su beneficio y no para el bien nacional. Pero antes de que entremos a exponer el fenómeno de personalización del país hecho en Trujillo y para favorecer a Trujillo, debemos explicar que esa personalización fue posible gracias a un hecho al cual nos hemos referido más de una vez en este estudio: la arritmia histórica dominicana. La circunstancia de que Santo Domingo se hubiera mantenido a lo largo de su vida colonial e independiente fuera del ritmo histórico americano le facilitó a Trujillo la tarea de penetrar en la entraña misma de la vida nacional y dominarla al extremo de que el pueblo dominicano no tardó en ser su tributario en todas las manifestaciones de su vida.

Santo Domingo no había entrado, en toda su historia, en la gran corriente social, política y cultural de América, y especialmente no había entrado en la gran corriente del desarrollo capitalista. Se había asomado a ellas en la segunda mitad del siglo XVIII y en la novena década del siglo XIX, pero no había pasado de asomarse. Santo Domingo es una porción de una isla antillana. El capitalismo había ejercido su papel histórico en las Antillas; en Haití, por los siglos XVII y XVIII; en Cuba, los siglos XIX y XX; en Puerto Rico, el siglo XX. Sólo Santo Domingo había quedado fuera de esa corriente avasalladora y, en su sentido histórico, renovadora. En 1930, las manifestaciones capitalistas en Santo Domingo eran balbucientes, y no precisamente dominicanas sino coloniales; y si bien la historia nacional venía siendo arrastrada desde hacía siglo y medio por fuerzas de origen capitalista, esas fuerzas procedían del exterior.

A Trujillo, fruto de todas esas fuerzas, iba a tocarle encabezar la instalación del capitalismo en la República Dominicana; y él sería no sólo el jefe del Estado que facilitaría la instalación, sino además el capitalista; y algo más: la encarnación viva del capitalismo. Sus condiciones personales resultaban las más adecuadas a esa tarea. Su energía, su sentido de la autoridad y la consecuente capacidad para el mando, su don de organizador, su actividad mental y física y su dedicación al trabajo, todo lo que formaba su ser intelectual resultaba estimulado por la descomunal ambición que llenaba su alma desde los días en que llamó a su yegua "Papeleta"* y a su hija

---

*   Papeleta era el nombre que se le daba en la República Dominicana hasta mediados de este siglo al billete de Banco.

Flor de Oro, y por la voluntad de predominio que deformó su psique debido a las agresiones de que fue objeto por no haber nacido en una familia "de primera" o "importante".

En Rafael Leonidas Trujillo se produjo el caso de un hombre capaz, ambicioso y sin escrúpulos, que se hallaba con el poder militar y político en el momento mismo en que su país debía comenzar a ser explotado por el sistema capitalista.

En 1930, Santo Domingo era la tierra ideal para un empresario sin conciencia pero con energía y capacidad sólo en aumentar sus caudales sin tomar en cuenta el valor de la vida, la dignidad humana, el derecho de los dominicanos a la libertad y al bienestar.

Rafael Leonidas Trujillo fue ese empresario, con una ventaja sobre todos los que habían creado, antes que él, organizaciones capitalistas en cualquier lugar del mundo: ejercía el poder militar y ejercía el poder político; de manera que él no tendría competidores y en su explotación no habría pugnas de intereses económicos, militares y políticos, porque él era trino y uno; sería dueño del capital, del gobierno y de las armas.

LA EMPRESA CAPITALISTA LLAMADA
REPÚBLICA DOMINICANA

XIII
De dictador a propietario del país

Como se advierte, una serie de males históricos dominicanos produjo a Rafael Leonidas Trujillo como dictador militar y político de su país. Eso no era ninguna novedad en América y ni aún en Santo Domingo. Como dictador, Trujillo pudo haber sido más duro que Heureaux, Melgarejo, Porfirio Díaz o Gerardo Machado; pudo haber sido tan corrompido como cualquiera de ellos y haber acumulado unos cuantos millones de dólares cobrando comisiones o haciéndose donar fincas nacionales. Pero al fin y al cabo, igual que los nombrados, un día hubiera sido muerto o echado del poder, porque igual que esos dictadores su poderío hubiera sido parcial, no total; militar y político nada más.

En el caso de Trujillo hubo una serie de razones nacionales que lo conformaron y lo condujeron a la dictadura militar y política. Pero una vez en el poder, otra serie de razones le permitió mantenerse en él e hizo posible que él sometiera toda la vida nacional a su voluntad y estableciera un régimen de tal manera duro e implacable, que su tiranía no tiene ejemplo en la historia americana, tan pródiga en tiranos. Es claro que todas esas razones, las que le dieron el poder y las que le permitieron usarlo sin tasa, aparecen entrelazadas y ligadas entre sí en sus causas y sus efectos, desde los orígenes mismos del pueblo dominicano. Pero cuando el historiador las separa y estudia puede determinar claramente el momento y la circunstancia en que cada una comenzó a ser decisiva. Para el mantenimiento de la tiranía trujillista, decisiva fue el papel del dictador como empresario único del desarrollo capitalista de Santo Domingo tras disponer del dominio militar y político del país.

Antes de poder usar el Gobierno como instrumento de sus fines económicos, Trujillo tenía que doblegar el poder político a su voluntad. Tenía una fuerza con que hacerlo: era la Guardia Nacional. En los años de su jefatura militar había seleccionado cuidadosamente un grupo de soldados y oficiales que acabaron acatando sus órdenes sin un titubeo, y con ellos organizó una máquina de terror. No debemos olvidar que la Guardia Nacional está compuesta —y lo estaba sobre todo en esos años— por campesinos sin tierra, que sirven en la fuerza armada por un sueldo, y que por tanto no sólo están obligados por la disciplina militar, sino que son también económicamente dependientes, de manera que Trujillo los usó como subordinados y los explotó como esclavos. Una vez jefe del Gobierno, Trujillo lanzó esa máquina de terror sobre el país con la violencia de un ejército enemigo de ocupación. El gobierno, en aquellas esferas que estaban legalmente fuera de la órbita del poder ejecutivo —poder judicial, congreso, ayuntamientos— tuvo que someterse a la voluntad del gobernante; y llegó el momento en que Trujillo tuvo a su disposición todo el régimen de gobierno, sin que una sola voz osara oponerse a sus órdenes.

Al mismo tiempo que sometía al gobierno, el dictador se dedicaba a someter al pueblo. Para esta tarea dirigió su acción hacia los partidos políticos, pues su sentido de la realidad le indicaba que el pueblo por sí solo, como masa sin organización, no era peligroso; lo era en la medida en que tuviera líderes políticos que lo dirigieran. Siguiendo ese criterio, liquidó a los dirigentes políticos y creó un partido, al cual llamó "dominicano", y lo estableció como único partido de gobierno; sólo sus miembros podían tener cargos públicos y aspirar a funciones de elección popular; con esto último forzó a los líderes de poca categoría —los que tenían más contacto con las masas— a ingresar en el nuevo partido. Simultáneamente comenzó la acción contra la prensa, la radio y toda manifestación escrita o hablada que no estuviera sometida a su voluntad, de manera que ningún núcleo político que no fuera el suyo podía tener expresión pública. En poco tiempo, el partido "dominicano" no tuvo rivales, y a seguidas Trujillo estatuyó que sólo él, Rafael Leonidas Trujillo, y no las asambleas del Partido, podría designar candidatos del partido a cargos electivos; con lo que resultó que los jueces —que en Santo Domingo son elegidos por el pueblo—, el congreso y los ayuntamientos del país pasaron a ser, de hecho, designados por Trujillo. A seguidas, desplegando una actividad impresionante, atacó todo tipo de organización susceptible de tener acción pública: sindicatos —entonces elementales, llamados gremios—, logias masónicas, clubs "de primera", cámaras de comercio, colegios profesionales. Donde había un grupo social organizado, allí llegó el poder avasallador de Trujillo, y dominó; colocó en los cargos directivos hombres suyos, y como él era capaz de trabajar veinte horas diarias, vigiló a cada uno de esos hombres, de manera que en cierto sentido el país se vio lleno de "alter egos" de Trujillo, que dirigían toda la actividad nacional.

Si alguien pregunta cómo se explica que el pueblo dominicano aceptara esa situación sin luchar, le diremos que luchó, pero sin organización y sin buena fortuna; y además le recordaremos que esos años, los que siguieron a la gran crisis económica de 1929, fueron de confusión en países tan poderosos como Estados Unidos, Inglaterra, Francia; que otros pueblos más cultos, más ricos, más organizados que el dominicano sufrieron situaciones parecidas; que Alemania se sometió a Hitler, Brasil a Getulio Vargas, Argentina a Uriburu, Perú a Sánchez Cerro, Guatemala a Ubico, Honduras a Carias, El Salvador a Hernández Martínez, y que sólo en Cuba había luchas del pueblo contra su dictador, el general Machado. En todo el ámbito americano el espectáculo era el de los pueblos dominados por dictadores. La crisis económica se prolongaba; los obreros no hallaban trabajo, la clase media vivía de milagro. Sólo los gobiernos ofrecían cargos, y con ellos cierta seguridad. Los dominicanos no podían ser la excepción en un mundo agobiado por la decepción.

En medio de la pobreza general, Rafael Leonidas Trujillo comenzó a convertir el país en una empresa capitalista de su exclusiva propiedad. Como no disponía de capitales de inversión, se valió de leyes votadas expresamente para que él pudiera monopolizar ciertos negocios; así, la producción y venta de la sal, la producción y venta de la carne, la producción y venta de madera, el negocio de los seguros públicos, los contratos de obras públicas, pasaron a ser monopolios del dictador.

Esos privilegios, por sí solos, hubieran convertido a Rafael Leonidas Trujillo en un rico dominicano, tal vez en el más rico de los dominicanos; pero no hubieran puesto el desarrollo capitalista del país en sus manos. Lo que en verdad lo puso fue un acontecimiento internacional, en cuyos orígenes nada tenían que ver ni Santo Domingo ni la voluntad de Trujillo. Fue la guerra mundial de 1939-1945, que de hecho había comenzado en Etiopía en 1935.

La Segunda Guerra Mundial fue decisiva en la formación del cartel capitalista llamado erróneamente República Dominicana; y la mayor responsabilidad histórica de que así sucediera no está en el pueblo dominicano, sino en la política exterior de Estados Unidos, que pedía aliados incondicionales sin tomar en cuenta su catadura moral, y pedía mercancías para su ejército y su población civil, sin parar mientes en si esas mercancías estaban siendo producidas por trabajo esclavo o con sangre de otros pueblos.

Un año después de haber terminado la guerra mundial, los negocios de Trujillo contaban hoteles, plantas de cemento, de grasas, fábricas de tejidos, de zapatos, de materiales de construcción, de alimento para ganado, de cacao elaborado; de cigarrillos, bancos, líneas de navegación marítima y aérea, monopolio de la sal, de los fósforos, de la carne, ingenios de azúcar, fábrica de armas, y además se había convertido en el latifundista más grande del país.

De república que era antes, Santo Domingo quedó transformado en una empresa económica. Como país, sus debilidades, de origen exterior e interior, produjeron la dictadura de Rafael Leonidas Trujillo; y la dictadura fue el instrumento usado por Trujillo para monopolizar la vida económica nacional.

La clave de esa edificación militar, política y económica que esclaviza a Santo Domingo está en la falta de conciencia moral en el autor y beneficiario de la obra. Al carecer de conciencia moral, Trujillo mide la conveniencia de un acto suyo por el beneficio económico que le rinde, no por el daño o el bien, por la humillación o la honra, por la muerte o la salud que pueda originar. Todas sus condiciones de carácter resultan, pues, antisociales, porque no están guiadas por la conciencia moral. A tal extremo esto es cierto, que lo que podríamos calificar virtudes privadas del dictador se convierten en perjudiciales para la sociedad, en sus reflejos colectivos.

Su energía le ha servido para esclavizar y envilecer al pueblo; su sentido de la autoridad con el consecuente don de mando, para organizar un sistema de terror; su don de organizador, para crear un régimen despótico; su actividad mental y física y su dedicación al trabajo, para establecer un sistema de explotación económica y sumisión política como pocas veces ha visto el mundo.

La creación de la conciencia moral es el fin último de la evolución social. Lo que persigue el hombre es lo bueno. Lo bello, lo útil, lo justo y lo verdadero están dirigidos al establecimiento de una sociedad en que la conciencia moral esté tan educada y evolucionada, que la bondad sea un principio naturalmente ejercido por todos los asociados. En la naturaleza social, lo que dañe o perjudique a un miembro de la sociedad es repudiado y el autor de la acción que causa el daño o perjuicio resulta aislado, porque su capacidad para dañar o perjudicar a otros lo define como ser antisocial. El hombre incapaz de sustentar una conciencia moral se iguala al tigre. Esta fiera, dotada de músculos potentes, garras poderosas y ojo rápido, no tiene conciencia moral; si siente hambre, mata; satisface sus instintos y sus necesidades; el grado de inteligencia y de habilidad que tenga le sirve únicamente para sí; ningún otro animal de la selva tiene derecho a la vida, a la integridad física, al sueño, a la paz, si hay por allí un tigre con hambre.

Para Trujillo, sólo cuenta él; la satisfacción de sus deseos, el aumento constante de sus caudales, de su poderío político y de su figuración. Todo cuanto le sea útil a esos fines, es bueno; todo cuanto se oponga a ellos, es malo. Su conciencia moral ha sido suplantada por la conciencia utilitaria, y en consecuencia sólo es bello aquello que le sirve, sólo es justo lo que le beneficia, sólo es verdadero lo que le conviene.

Con esa naturaleza moral, y una energía tremenda para imponerla por encima de todos los principios sociales, Rafael Leonidas Trujillo convirtió a la República Dominicana en su empresa económica. Hay que repetir esto por que infinito número de gente se equivoca creyendo que Santo Domingo es la víctima de una tiranía política. No hay tal. La tiranía política es allí un instrumento de la empresa económica. El gobierno es sólo el servidor legal de la empresa; el ejército es la policía de la empresa; el territorio de la Nación es el ámbito de la empresa; el pueblo es el trabajador, el productor y el consumidor forzoso de la empresa. Un dominicano que tenga coraje para luchar por su independencia tendrá que desafiar el hambre, la suya y la de sus familiares; y si la desafía y se niega a someterse al amo de la empresa nacional, tendrá que enfrentar las leyes del Gobierno, instrumento legal de la empresa, y esas leyes son hechas y rehechas cada día, a medida de las necesidades de la empresa, para que nadie pueda rebelarse contra el amo; y en última instancia, el rebelde tiene sobre sí las pistolas de la policía privada del empresario, y esa policía privada, que es implacable, lo mismo que el Gobierno, que es servil, está pagada por la Nación. En Santo Domingo no hay ninguna fuerza, mínima o grande, individual o nacional, que pueda ofrecer amparo al rebelde.

América no concibe la incapacidad del pueblo dominicano para liberarse de su esclavitud porque América no tiene experiencia de una situación tan extrema. Cada dominicano está sujeto a tres poderes, el militar, el político y el económico. El rico —y los únicos ricos son los socios o los favoritos del dictador— que se oponga a Trujillo es arruinado en el acto mediante el uso de los poderes político y militar; el empleado público o privado que se muestre indiferente al régimen pierde su medio de vida; el pobre... el pobre es el sometido en todas partes, y no sólo en la República Dominicana. En último grado, el rico, el empleado y el pobre son asesinados sin piedad si persisten en no someterse.

No debemos confundir la situación de la República Dominicana con la de países de América que han sido víctimas de tiranías tradicionales. En una tiranía típica de la América Latina el tirano hace negocios al margen de las actividades del Estado, pero no llega a dominar en forma absoluta la vida económica de la nación. El manejo de la economía por sectores independientes permite cierto grado de libertad de movimientos y de acción, que el pueblo aprovecha para luchar contra el tirano. La situación en Santo Domingo es distinta; el país está militarmente ocupado, políticamente sometido y económicamente acogotado por Rafael Leonidas Trujillo, y ningún sector del pueblo disfruta del mínimo de libertad de acción imprescindible para poder organizar la lucha contra la tiranía.

Imagine el lector cómo sería la vida en una ciudad cualquiera si un solo hombre fuera al mismo tiempo el dueño de todos los negocios, y por tanto el que da empleos en comercios e industrias; el jefe policial, y por tanto el que da trabajo de policía a los que desean servir en ese cuerpo; el único jefe político de la ciudad, y por tanto el que distribuye los cargos públicos, y atribuya a ese hombre la naturaleza agresiva, violenta y anormal de Rafael Leonidas Trujillo. En poco tiempo serán ministros de las iglesias de la ciudad sólo quienes diga el amo; podrán entrar a la ciudad y salir de ella únicamente aquellos a quienes él señale; teniendo a su servicio a los jueces y a los que hacen las leyes, su voluntad será la ley. He ahí una imagen aproximada de lo que sucede en la República Dominicana.

Nuestro hemisferio conoció algo parecido en el norte de Haití, bajo el reinado de Christophe, a principios del siglo XIX, y una situación de rasgos similares en la Venezuela de Juan Vicente Gómez, a principios del siglo XX. En ninguno de los dos casos, sin embargo, el triple poder en manos del gobernante fue tan intenso y despiadado como en la República Dominicana de Trujillo. Tanto en Haití como en Venezuela los tiranos nombrados fueron los más ricos de sus países, no los dueños absolutos de la economía nacional. Esto lo ha logrado Trujillo en Santo Domingo, y nadie más en América.

XIV
El Gobierno al servicio de la empresa

Habiendo seguido la política latifundista de Heureaux, Trujillo le dio otro sentido; en vez de favorecer la creación de un grupo terrateniente se convirtió a sí mismo en el mayor latifundista dominicano y asoció a los antiguos latifundistas a la explotación comercial o industrial de sus propios latifundios. Así, por ejemplo, Trujillo fundó una central lechera para monopolizar la venta de leche en todo el país; los latifundistas ganaderos de cada región tuvieron que asociarse en esa central lechera, y para que lo hicieran a gusto Trujillo prohibió que los conuqueros —pequeños propietarios— mantuvieran vacas en sus fundos y a la vez obligó al pueblo a pagar diez centavos por litro de leche, que antes valía dos, tres, cinco centavos, según la zona del país donde se produjera; con todas esas medidas simultáneas garantizó el monopolio regional de producción lechera a sus asociados latifundistas a la vez que él se beneficiaba con la actividad comercial e industrial producida por la leche. El campesino pobre, que producía la leche para su consumo, pasó a ser tributario de Trujillo y sus asociados los latifundistas. Docenas y docenas de miles de campesinos pobres resultaron afectados por la creación de la central lechera.

Con la creación de su latifundio personal, el dictador aumentó en alto grado la superficie total de los latifundios del país, y aumentó por tanto el número de campesinos sin tierra cuyo único destino ahora es ir a trabajar a las tierras de Trujillo o ingresar a su ejército.

Pero como a la vez él es el dueño de las instalaciones industriales —con la excepción de algunos ingenios de azúcar, que pertenecen a compañías norteamericanas, de las cuales él es socio o accionista—, y muchas de esas instalaciones industriales requieren materia prima que en numerosos casos resulta antieconómica si se produce en grandes extensiones, Trujillo incrementó el minifundio en ciertas regiones del país para que el campesinado de esas zonas cultivara a sus expensas algunos productos necesarios para las empresas del dictador. Este es el caso, por ejemplo, de las zonas destinadas al cultivo del maní, que Trujillo requiere para su planta de aceite; o las señaladas para la producción de cerdos, que necesita para su planta de manteca. Los campesinos minifundistas tienen que sembrar maní y criar cerdos, y tienen que venderlos al precio que Trujillo les fija. Al campesino criador de cerdos le está rigurosamente prohibido beneficiar uno sólo de sus animales; está obligado a venderlos todos a la planta de manteca y a comprar a esa planta la manteca, la carne y los derivados que pueda necesitar.

El campesinado minifundista dominicano es, pues, trabajador libre en cuanto tiene alguna tierra, un bohío, y cobra lo que produce; pero en realidad es esclavo de una maquinaria económica implacable. El que no puede resistir la presión de esa máquina, abandona la tierra e ingresa en el ejército, cuya función es defender a Trujillo y a su empresa; o se dedica a trabajar como obrero en las industrias de Trujillo.

Campesinado y clase obrera son, pues, forzosamente, parte de la organización económica de Trujillo, y al mismo tiempo son sus tributarios; en cuanto a la clase media, su única posibilidad de subsistir es aceptando el estrecho margen que le permiten las empresas de Trujillo, ya en el pequeño comercio, ya en la producción agrícola de menor consumo o en la artesanía, ya en el ejercicio de profesiones liberales; en todos los casos, el miembro de la clase media que no se muestra sumiso al dictador es implacablemente aniquilado.

En cualquier país capitalista el gobierno tiene una esfera de acción y los empresarios otra, y hay fuerzas sociales —partidos, sindicatos, asociaciones religiosas y culturales— que entran en conflicto con los empresarios o con el gobierno. En Santo Domingo no hay posibilidad de conflictos porque empresas, gobierno y asociaciones de todo tipo son engranajes de una sola maquinaria, y esa maquinaria aplastante es Rafael Leonidas Trujillo.

Un sistema monolítico de tal naturaleza no puede ser combatido sólo por su aspecto político. Este es el visible para la generalidad de las gentes, pero es el menos importante. El Gobierno dominicano es el dependiente de una empresa. Los medios económicos del país están a disposición de la empresa; la economía pública viene determinada por la conveniencia o inconveniencia de la empresa; se hace la carretera que la empresa necesita, se construye el muelle que la empresa requiere; a menudo el Estado paga la instalación de una industria que luego vende a la empresa por una mínima parte de su valor real; se alzan o se bajan los impuestos según el tipo de artículo que la empresa decida vender, adquirir o producir. Todo órgano de expresión es propiedad de la empresa; los periódicos, las radios y las televisoras dicen lo que la empresa determina que conviene a sus fines, y las organizaciones públicas sólo actúan en el sentido en que la empresa entiende que deben actuar.

Ahora bien, Trujillo es reconocido por los gobiernos del mundo —y por los organismos internacionales— como jefe político de un país; y lo cierto es que en Santo Domingo no hay gobierno en el sentido político; lo que hay es un órgano público de una empresa capitalista. Una empresa, por lo demás, que no procede según las normas morales aceptadas y practicadas en el mundo, sino con un desprecio absoluto por ellas. El reconocimiento internacional ofrece a la empresa trujillista todos los beneficios que se acuerdan a gobiernos legítimos y honorables, y esto, desde luego, contribuye en gran medida al sostenimiento de la empresa.

El poder ilimitado que le ha conferido la posesión total de su país ha hecho de Trujillo una fuerza que nada puede controlar. Su voluntad carece de resortes para detenerse en consideraciones de tipo moral, y su tipo de inteligencia —que no es creadora, sino aprovechadora— no le permite buscar salidas normales a situaciones conflictivas; y como tiene a la mano ese poder sin límites, lo usa en forma despiadada para eliminar los obstáculos que se le presentan. Todo lo que se le oponga debe ser aniquilado sin compasión. Aquel en quien él ve un enemigo no está seguro en ninguna parte, y lo mismo tratará de destruirlo físicamente que moralmente, mediante toda suerte de intrigas y calumnias. La posesión del gobierno le permite usar canales diplomáticos, resoluciones judiciales y legislativas, documentación falsa, y cuenta con hombres que conspiran, secuestran, matan; puede usar sin tasa el dinero que le produce una empresa que rige cincuenta mil kilómetros cuadrados de tierras, bosques, minas, ríos, mares, y que tiene dos y medio millones de esclavos y mercados mundiales para su producción; una empresa que cuenta con marina de guerra, aviación de guerra —caso único en el mundo—, un mercado interior sin competidores y un mercado mundial para colocar su producción; tiene a la orden órganos de expresión pública —periódicos, televisoras, radio, agencias de noticias— para que propaguen en el país y en el exterior aquello que él desea, y en el ámbito mundial —especialmente en el americano del norte y del sur— abundan los hombres de gobierno, los banqueros, los escritores y los publicistas, los empresarios y los promotores que sólo buscan en la vida beneficios, y que reciben el dinero de Trujillo con la actitud con que Vespasiano recibía las monedas del tributo a los urinarios públicos.

Ese poderío internacional de Trujillo procede, desde luego, de su poderío interno en Santo Domingo; pero he aquí que todo acto de poder realizado por Trujillo afuera se refleja en el país, aumentando su prepotencia interior. Cuando el pueblo dominicano oye a la radio de Trujillo insultar a un jefe de Estado americano —con el lenguaje soez que usa— y advierte que nada le sucede al dictador por eso, o cuando sabe que un profesor de una universidad norteamericana ha sido secuestrado en New York por haber escrito un libro sobre Trujillo, que un líder obrero dominicano ha desaparecido en La Habana o un senador de Estados Unidos ha puesto su cargo en el Congreso de la Unión al servicio de Trujillo, ese pueblo piensa que la fuerza del tirano es demasiado grande y que no hay posibilidad de luchar contra ella, puesto que se impone a gobiernos e instituciones de países más poderosos que la República Dominicana.

Los aspectos ridículos del trujillismo no son parte esencial de la empresa; obedecen a la personalidad psicopática del propio Trujillo. Los títulos, los uniformes, las condecoraciones resultan innecesarias en esa organización monolítica. Trujillo los demanda porque a pesar de todo su poder, la inseguridad profunda que le proviene de haber nacido "de segunda" y de no haber sido "importante" en sus años mozos, mantiene su alma en zozobra y no le ha permitido crear todavía conciencia de seguridad. Este es un aspecto del drama dominicano que deberían estudiar los psiquiatras, no los sociólogos ni los políticos. Esa sensación de inseguridad no ha podido ser aniquilada por el dictador; es una fuente perenne de angustias para él; se siente tan inseguro hoy como hace cuarenta años, y debido a tal sensación sigue siendo el implacable buscador de poderío que fue en su juventud. La angustia, además, le impide comprender que su sistema de explotación está llamado a hacer crisis, porque se halla en pugna con el progreso de la humanidad, que reclama justicia social, participación en el producto del trabajo y libertad para vivir con dignidad. Así como el pueblo dominicano está pagando ahora con sangre el pecado de haberse mantenido al margen de las corrientes mundiales, así pagará Trujillo con creces el crimen de mantener su empresa de explotación aislada del desarrollo social y político del mundo.

Los defensores del sistema trujillista fundamentan su defensa en el orden físico de Santo Domingo, el progreso estadístico y la limpieza de los centros urbanos. Sin duda, en treinta años de dictadura la población ha crecido; han crecido su producción y su consumo. Ahora son más grandes las ciudades, más numerosas las calles, más abundantes las escuelas; es más alto el presupuesto nacional, más alto el número de toneladas de mercancías que el país vende y compra; es mayor la cantidad de dinero circulante y de médicos y abogados y de ingenieros. Pero sucede que en los demás países de América ha ocurrido lo mismo. Los últimos treinta años han sido los de mayor progreso en nuestro hemisferio. Lo que informan las estadísticas dominicanas lo informan sobre otras regiones americanas, y no ha habido que pagarlo al precio de vidas, dignidad, libertad, atraso cultural, social y político que ha tenido que pagar el pueblo dominicano.

Sí, Santo Domingo ha progresado, pero no como pueblo sino como empresa económica; no ha aumentado el número de hombres sino el de esclavos; no se ha extendido la cultura general sino el conocimiento indispensable para servir con eficiencia en la organización capitalista de Trujillo. El país se ve limpio, pero como propiedad privada, no como colectividad humana. El hombre es allí un bien semoviente del dueño de la Nación, como lo es una vaca; la vaca es enviada al matadero cuando el amo desea recibir beneficios, puesto que ha sido adquirida para aumentar el poder de ese amo; y el hombre es enviado al matadero cuando pone en peligro ese poder.

Probablemente en ciertos momentos Rafael Leonidas Trujillo ha llegado a pensar que el poder sin límites que maneja a su antojo puede imponerse a la Historia; que, dada la tremenda violencia con que está deformando al pueblo dominicano y obligando a todo ciudadano a ser su cómplice, él podrá enturbiar el juicio de las generaciones venideras. Tal vez haya pensado que los servidores de su régimen, y sus hijos, defenderán a Trujillo y a su sistema para defenderse a sí mismos.

En verdad, algo de eso podrá suceder, pero no en la medida en que quizá lo haya creído el dictador. Algún que otro servidor de Trujillo tratará de justificar su caso personal, pero no podrá hacerlo con la existencia misma del sistema trujillista. Hay un punto para el cual nunca aparecerán atenuantes: en todas las actividades del dictador, y en cada uno de los hechos que ha producido, el primer beneficiado ha sido él mismo, y no precisamente desde el ángulo moral, histórico o político, sino en moneda contante y sonante. El inventario del trujillismo, como el de toda empresa capitalista, sólo arroja cantidades en dinero.

El propio Trujillo debe conocer de antemano cuál será el juicio de la historia. Pues aunque carece de conciencia moral tiene inteligencia suficiente para saber que la conciencia moral está viva en toda sociedad humana. Él no puede ignorar que cuando el Pueblo dominicano pueda hacerlo, juzgará su régimen y lo condenará.

En el fondo de su ser, el dictador teme a ese juicio. Una cosa lo denuncia: Rafael Leonidas Trujillo, dueño de un poder que pocos gobernantes han tenido en la historia, no se atreve a permitir que su obra sea entregada a la opinión de los hombres libres.

XV
Psicología de los dominicanos

La ascensión de Rafael Leonidas Trujillo al poder fue impulsada por razones históricas, ya explicadas; ahora bien, ¿en qué medida contribuyó el carácter nacional dominicano a facilitar esa ascensión? Aislada de las causas de otro tipo, hubo sin duda una disposición de carácter de su pueblo que Trujillo aprovechó en su beneficio. ¿Cuál fue?

Es difícil responder a esta pregunta, porque el pueblo dominicano no tiene eso que podríamos llamar vocación nacional. El cubano, por ejemplo, es hedonista, y en consecuencia la vocación nacional cubana es la de la libertad; y el pueblo cubano pone en acción todos sus recursos sentimentales e intelectuales para satisfacer su vocación de libertad. El venezolano tiene la vocación de la igualdad, lo que explica las tremendas guerras sociales de 1813 y 1859 y la propensión de las masas venezolanas a producirse en verdaderas insurgencias de carácter igualador en lo económico, en lo racial y en lo social.

Hay un rasgo psicológico común a casi todos los dominicanos: la susceptibilidad. La mayoría de los dominicanos, no importa de qué grupo social procedan, es susceptible en grado enfermizo. Su susceptibilidad resulta estimulada por el incidente más nimio, y casi siempre provoca en quien la sufre accesos de agresividad que destruyen en un momento nexos familiares, amistades estrechas, sentimientos de gratitud, y

que suelen ir desde el ataque a machete en el campesino ignorante, hasta la propagación de las calumnias más venenosas
en el graduado universitario. En muchos casos, la inclinación
a la susceptibilidad está suplantada por un sentimiento parecido, e igualmente disociador: la envidia.

Esto denuncia un perpetuo estado de insatisfacción del
alma, una incomodidad psicológica que vive envenenando el
ánimo de cada persona y que estalla en crisis incontrolables a
la menor provocación, sea ésta voluntaria o involuntaria. Ahora
bien, para tal enfermedad del ser psíquico dominicano, hay
que buscar una explicación en cada grupo social.

La gran masa del pueblo tiene razones para ser así. Nadie
se preocupó jamás por ella. Los caudillos la llevaron a morir,
arma en mano, y ya en el poder gobernaron para el estrecho
círculo que dirigía la economía y la política del país. Ni siquiera se conoce en la historia dominicana el caso de un caudillo demagogo que le haya hablado al pueblo de un derecho
a una vida mejor. Todavía hoy la mayoría del campesinado
de Santo Domingo nace, vive y muere sin usar zapatos, a
pesar de que en su empeño de ampliar la producción de su
fábrica —la Fa-Doc, C. por A.—, Trujillo castiga con prisión a
los que transitan descalzos por las calles de pueblos y ciudades.

Como el instinto les dice a las masas que merecen mejor
vida, la dominicana vive resentida, lo que explica su propensión a la susceptibilidad. En cuanto a la gente "de primera",
su resentimiento tiene otro origen: se considera la más importante del país, por virtud de nacimiento, y sabe que no tiene
capacidad económica, cultural o de otra índole que le permita
vivir conforme con lo que siente que es.

De no vivir en un medio enfermo, los grupos con mejor
salud psicológica deberían ser el de los "dones", debido a su
posición económica, y el de la gente "de segunda" que no
aspira a ser "de primera"; pero los "dones" no abundan, y los

"de segunda" carecen de homogeneidad como casta —o subcasta— y por tanto se integran en la sociedad según la posición económica de cada individuo.

La propensión a desahogar la inconformidad por vías personales, y no colectivas, mediante la susceptibilidad individual y no mediante insurgencias masivas, indica que el pueblo dominicano padece de un complejo de inferioridad que lo inhibe, en tanto pueblo, y le impide realizarse en un destino nacional. Esa inhibición se traduce en una apariencia de respeto a las jerarquías fundadas en el poder económico, social o político. Y como el respeto a ese tipo de jerarquía es aparente, mantenido por la inercia que produce la inhibición, no puede decirse que los dominicanos tengan vocación de jerarquías, si bien su inhibición les lleva a aceptar como bueno y legítimo el orden social que les han impuesto los círculos que tradicionalmente han figurado al frente del país.

Esto explica que jamás haya habido el menor asomo de guerra social en la República Dominicana, a pesar de las numerosas guerras civiles que se libraron allí y a pesar de la voluntad de mejoramiento económico individual de muchos de los que participaron en ellas. Eso explica también que en Santo Domingo nadie se haya preguntado por qué hay gentes "de primera", gentes "de segunda" y masa no tomada en cuenta, al extremo de que esa división insensata jamás ha sido observada por sociólogos ni políticos. La división existe desde tiempo inmemorial, y sin embargo el problema se expone por primera vez en este libro, lo que se debe al hecho de que quienes estudian y escriben en Santo Domingo son gente "de primera", a quienes no les preocupa esa división, o gente "de segunda" que aspira a ser "de primera".

Las únicas manifestaciones de inconformidad con las condiciones de vida —no con el orden social— que ha dado el pueblo dominicano, han sido producidas por grupos obreros:

en 1928, huelgas de conductores de automóviles debido a aumento en el precio de la gasolina; en 1944, huelgas —importantes, por cierto— de trabajadores azucareros. Todos los demás movimientos más o menos masivos han tenido orígenes y caracteres políticos.

Si la gran masa se inclina, por inhibición, a respetar las jerarquías establecidas sobre la base del poder económico, social o político —pues las jerarquías intelectuales o morales nunca han contado para el pueblo dominicano, por lo menos en función política—, resulta lógico pensar que el pueblo hubiera combatido a Trujillo en el caso de que hubiera visto esa lucha iniciada por los núcleos adinerados o por el grupo de prestigio social. Pero los "dones", como hemos dicho repetidas veces, no acostumbraban actuar en el campo político como núcleo, de manera que de su sector no podía salir la rebelión inicial, y la gente "de primera", a pesar de su cohesión como casta para defender privilegios huecos, no tiene coherencia como fuerza política.

En un orden económico y social más definido, las antiguas luchas entre sectores comerciales y terratenientes resultaron superadas bajo el régimen de Trujillo, porque Trujillo encarnaba la aparición de la burguesía industrial —si bien él mismo iba a ser toda la burguesía, en tanto fuerza económica—; de manera que los factores en pugna pasarían a ser burguesía y proletariado. Pero el proletariado era en 1930 y los años siguientes una clase en formación, demasiado débil, y el terrorismo político le ha impedido desarrollarse. Por otra parte Trujillo no tardó en organizar los sindicatos patronales y en eliminar físicamente a todo posible líder obrero independiente; sus últimas víctimas serían Mauricio Báez, un verdadero jefe de su clase, secuestrado en La Habana y probablemente asesinado allí mismo en diciembre de 1951, y Hernando Hernández, muerto en un pequeño pueblo cubano en mayo de 1952.

Para dirigir la lucha contra Trujillo, los grupos de prestigio social carecían de fuerza política. Por otra parte su papel en la colectividad no se correspondía con su situación económica, de donde provenía una contradicción que producía una sustancia humana incoherente y por tanto sin solidez. Esta incoherencia, muy generalizada en Santo Domingo bajo el régimen trujillista, recuerda el caso de las fotografías que los entendidos llaman "fantasma" o "movida", que se da cuando un objetivo, en un solo tiro, resulta impresionado dos o más veces. En una foto "fantasma" no se reconocen los rasgos del retratado; junto a su nariz hay otra, al lado de los ojos, dos más, la boca tiene cuatro labios; la imagen es confusa porque no hay coherencia en las impresiones que recibió el negativo.

Algo parecido sucede en la República Dominicana con la psicología de infinito número de gentes que han combatido a Trujillo: creen que lo hacen por razones políticas y en realidad luchan porque necesitan una posición que los libre del hambre; conseguido el cargo, abandonan la imagen del opositor y adoptan la del trujillista.

Por otra parte esa incoherencia parece ser habitual en las sociedades que están en el tránsito de un tipo de economía a otro más avanzado, como lo está la dominicana, cuyas bases económico-sociales han sido enérgicamente removidas por la aparición de un capitalismo rampante, dueño a la vez del poder público y del poder militar y animado de una voracidad despiadada. Cuando las antiguas bases económico-sociales son removidas de manera tan rápida, dejan en retraso la evolución psicológica, que no puede producirse al mismo ritmo, y el resultado es una incoherencia extendida en la población; en virtud de esa incoherencia, la gente desea una cosa y hace otra, reconoce intelectualmente lo que es bueno y lo que es malo, pero no actúa para imponer lo primero como norma de vida; ofrece y no cumple, quiere algo y no lucha por lo que quiere.

En etapas de incoherencia como la descrita, sólo agentes externos fuerzan la cohesión de las imágenes desenfocadas. El agente externo que ha usado Trujillo ha sido el terror. Mediante la aplicación de un terror que no reconoce límites, obliga a los dominicanos a ser coherentes en un punto: sus manifestaciones de trujillismo, tanto más intensas cuanto menos espontáneas son.

Pero precisamente debido a que esa coherencia en un solo punto es forzada, la insatisfacción psicológica del dominicano —que le lleva a desahogarse en reacciones personales de susceptibilidad— se agrava y tiene expresiones cada vez más violentas, cada vez menos equivalentes al hecho que las produjo; de donde resulta que bajo el régimen de la tiranía ha aumentado en forma alarmante la propensión a la calumnia maligna, a la destrucción de todo prestigio, de los nexos familiares, amistosos y de grupo, a la negación de ese altísimo valor humano y social llamado sentimiento de gratitud, que tanto vincula a los hombres.

Con habilidad diabólica, Trujillo ha hecho todo lo posible para promover el mayor desarrollo de esa tendencia enfermiza de la psique dominicana, y ha elevado a función de Estado la propensión colectiva a la calumnia, al extremo de que en Santo Domingo hay una columna periodística, escrita en el despacho de Trujillo —y se dice que a menudo dictada por él mismo—, llamada "Foro Público", que es la apoteosis de ese mal. Lo primero que lee un dominicano medio, al abrir un periódico, es el "Foro Público", verdadero pozo de inmundicias.

A los ojos de cualquier observador inteligente, la explotación de esa enfermedad nacional conlleva una exaltación del estado de ánimo que la provoca. Esto quiere decir que la inconformidad de las masas será más honda cuanto más se desvíe por la salida falsa de la reacción personal. Y como sucede que la transformación del país en una vasta empresa económica opresora de todo el Pueblo ha ido fijando la insatisfacción antes difusa, la mayoría de los dominicanos saben ahora que padecen necesidad porque Trujillo los explota, y cuanto más profunda sea su insatisfacción más irán personalizando en Trujillo y en sus bienes la causa de sus males. Dentro de la lógica de los acontecimientos es de esperar, pues, que a la desaparición de Trujillo la masa se lance contra los bienes que el tirano ha acumulado para sí y para sus familiares.

En psicología del individuo como en psicología de las masas —igual que en todos los fenómenos sociales— los extremos se tocan a menudo. El hecho de que Trujillo haya acaparado para sí solo el poder económico y el predominio social, implica que a su desaparición las masas no tendrán punto de referencia en su antigua propensión aparente a respetar las jerarquías.

Durante treinta años, Trujillo ha impedido sistemáticamente que sobreviva en Santo Domingo ningún prestigio social, económico, político, moral o intelectual; y como ha humillado hasta el escarnio a todo el que ha podido tener autoridad sobre las masas, las masas sólo obedecerán a sus instintos cuando ya él no les imponga respeto por el terror.

De manera que si bien la psicología nacional favoreció los propósitos de Trujillo para alcanzar el poder y consolidar su régimen, los métodos que él ha impuesto en el país determinan un giro de ciento ochenta grados en esa psicología nacional, a producirse en el momento mismo en que su régimen sea abatido. Esto quiere decir que los dominicanos debemos esperar en corto plazo la primera guerra social de nuestra historia.

Sea bienvenida. Para el porvenir de nuestra nación, es preferible tener un pueblo capaz de una insurgencia igualitaria, por terrible que ésta sea, a tener uno incapaz de evitar la aparición y la perdurabilidad de una tiranía tan voraz, tan sanguinaria y tan depravada como la de Rafael Leonidas Trujillo.

EPÍLOGO

XVI
CONCLUSIONES

La isla de Santo Domingo —en cuya porción oriental se asienta la República Dominicana, mientras que en la occidental se halla Haití— fue descubierta el 5 de diciembre de 1492 por el Almirante don Cristóbal Colón, quien la llamó la Española. Fue la primera de las tierras americanas conquistada y colonizada; y de ambas tareas se encargó personalmente el Descubridor, que las inició con su segundo viaje, el 27 de noviembre de 1493.

Santo Domingo se mantuvo colonia española durante trescientos años, de 1493 a 1795; de 1795 a 1808, fue colonia francesa, y durante algún tiempo en ese lapso estuvo gobernada por Toussaint Louverture, antiguo esclavo y general haitiano; de 1808 a 1821, otra vez colonia española, por decisión de sus propios pobladores, no por voluntad de España; de diciembre de 1821 a febrero de 1822, Estado libre aunque bajo el protectorado de Colombia, con el nombre de Haití Español; de febrero de 1822 a febrero de 1844, posesión haitiana; de 1844 a 1861, Estado independiente bajo el nombre de República Dominicana; de 1861 a 1865, colonia española por tercera vez, por petición de las autoridades del país y contra la voluntad del pueblo; de 1865 a 1916, restaurada como país independiente con su denominación de República Dominicana; de 1916 a 1924, territorio ocupado militarmente y militarmente gobernado por la infantería de marina de los Estados Unidos, contra la voluntad del gobierno y del pueblo; a partir de julio de 1924, Estado libre, por cuarta vez, con su nombre de República Dominicana.

Desde 1930, el país se halla militarmente ocupado, políticamente sometido y económicamente esclavizado por la dictadura que encabeza Rafael Leonidas Trujillo.

Como ente psicológico, Rafael Leonidas Trujillo es un enfermo producido por el medio nacional, el cual a su vez resultó envenenado desde su origen por la división del pueblo en gentes "de primera", gentes "de segunda" y gran masa ignorada, y por el criterio de que el trabajo y la miseria deshonran y sólo pueden ser personajes importantes los que heredan la riqueza y los que pertenecen al grupo de gentes "de primera". Estos conceptos fueron llevados a la isla por los conquistadores españoles, y como todavía rigen el orden social del país, producen individualidades psicológicamente deformes, que han dado su ejemplar más destacado en Rafael Leonidas Trujillo. La incontrolable necesidad que tiene el dictador de ser el único hombre importante, el más rico y poderoso de Santo Domingo, es la respuesta de su psique a las humillaciones que recibió por haber nacido "de segunda" y pobre. Psicológicamente, pues, Trujillo es un producto de males llevados al país por los conquistadores de 1493.

La colonia francesa de Haití quedó establecida en la parte occidental de Santo Domingo en el siglo XVII, debido a abandono de los deberes coloniales de España. Esta colonia se organizó sobre la base de una altísima concentración de trabajo esclavo, y cuando la Revolución Francesa trastocó el orden feudal europeo, lo trastocó también en Haití, y los esclavos haitianos acabaron fundando la segunda república libre del Nuevo Mundo. En 1822, los ejércitos haitianos invadieron el territorio dominicano y se mantuvieron en él hasta 1844; entre los haitianos que pasaron a vivir a Santo Domingo estaba la bisabuela materna de Rafael Leonidas Trujillo. En 1861, con los ejércitos españoles que llegaron a efectuar la anexión de la República Dominicana a España, fue el abuelo paterno de Trujillo. De manera que biológicamente, el dictador es el fruto de dos invasiones militares.

Al ocupar el país en 1916, los jefes de la infantería de marina norteamericana disolvieron todas las fuerzas armadas y organizaron una guardia constabularia, en la cual ingresó Rafael Leonidas Trujillo con el grado de cadete. Bajo la ocupación militar extranjera Trujillo puso en juego sus dotes de organizador, trabajador e intrigante excepcional, hasta lograr un alto cargo en el comando militar. Al retirarse de Santo Domingo en 1924, la infantería de marina norteamericana dejó a Trujillo como segundo jefe de la guardia constabularia. Militarmente, pues, el dictador es el producto de otra intervención extranjera.

El ascenso de Trujillo a la jefatura del ejército dominicano y su mantenimiento en el cargo fue posible gracias a la debilidad de la política caudillista, propicia a su capacidad de intrigante; pero su paso a la presidencia de la República, y por tanto el inicio de su tiranía, se debió sobre todo a la gran crisis económica mundial de 1929, que conmovió el orden social y político de todo el mundo capitalista, especialmente en la América Latina. Políticamente, pues, Rafael Leonidas Trujillo es el resultado de dos males sumados: el atraso de su pueblo, que se hallaba entregado al caudillaje, y una grave quiebra económica de origen extranjero.

Como se ve, todos los males históricos dominicanos coincidieron en producir a Trujillo como ser psicológico, como ser biológico, como ser militar y como ser político; y la mayoría de esos quebrantos llegaron a Santo Domingo desde afuera, en el orden en que han sido ofrecidos en este libro.

La dictadura trujillista fue consecuencia de los males dominicanos. Pero la perpetuación y el monstruoso desarrollo de esa tiranía obedecen a dos razones determinantes: una, que la arritmia histórica de Santo Domingo mantuvo al país al margen de las corrientes capitalistas, lo que le ofreció a Trujillo la oportunidad de convertirse en el empresario de un desenvolvimiento industrial y financiero que ya no podía demorar más; otra, que el clima económico y político internacional creado por el estado de guerra que se adueñó del mundo a partir de la invasión de Etiopía en 1935, le permitió al dictador desenvolver al máximo sus empresas capitalistas bajo un sistema de terror político internacionalmente protegido.

Lo que le ha dado consistencia y perdurabilidad al trujillismo no es su carácter de tiranía militar y política, sino la transformación del país en una empresa capitalista despiadada, de la que sólo Rafael Leonidas Trujillo es propietario, y a la cual sirven de instrumentos incondicionales el gobierno civil y las fuerzas armadas.

No debe confundirse la situación de la República Dominicana con las de otros países de América que han sido víctimas de tiranías al uso. En una tiranía típica de la América Latina, el tirano hace negocios al margen de las actividades del Estado, pero no llega a dominar en forma absoluta la vida económica de la Nación. El manejo de la economía por sectores independientes permite cierto grado de libertad de movimientos y acción, que el pueblo aprovecha para luchar contra el tirano. En Santo Domingo no hay sectores económicos independientes. Santo Domingo es no sólo un país militarmente ocupado y políticamente sometido, sino además un territorio económicamente esclavizado y acogotado por Rafael Leonidas Trujillo, y ningún sector del pueblo disfruta del mínimo de libertad política o económica imprescindible para poder organizar la lucha que lo libre de su opresor.

El país ha sido convertido en un cartel financiero, industrial y comercial con apariencia de Estado soberano. Si la República Dominicana cambiara su nombre por el de Empresas Trujillo, C. por A., estaría mejor definida y su situación política quedaría fuera de discusión. El Gobierno existe sólo como órgano legal y público de la empresa, y el Ejército es la fuerza armada que ejecuta las órdenes de la empresa, defiende sus instalaciones y garantiza sus beneficios. A pesar de que están exclusivamente a su servicio, no es la empresa sin embargo quien paga el Gobierno y la fuerza armada, sino el Pueblo; de manera que la empresa tiene a su disposición gratuitamente un gobierno —con congreso, poder judicial, diplomacia y administración pública— y un ejército de tierra, mar y aire.

La empresa trujillista utiliza su órgano público —el Gobierno— y su fuerza pública —el Ejército—, para ejercer el terror dentro y fuera de Santo Domingo; se vale de los órganos nacionales de opinión —prensa, radio, televisión— y de los canales internacionales del Gobierno —la diplomacia— para hacer negocios en el extranjero y para agredir a gobiernos, instituciones y personas que no le son afectos. Toda manifestación de poder fuera de Santo Domingo se refleja dentro del país en aumento del poder interior, y por tanto en mayores beneficios económicos.

La empresa trujillista tiene un sinnúmero de servidores extranjeros, que van desde simples espías políticos hasta personajes importantes de la banca, la vida social y los gobiernos de muchos países, de los cuales se vale para actuar en el exterior.

La dictadura de Rafael Leonidas Trujillo ha llevado a sus mayores extremos muchos de los males nacionales que la hicieron posible. Así, la división del pueblo entre gente "de primera", "de segunda" y gran masa ha sido organizada con criterio político y se usa como instrumento de poder. El latifundio fue conservado en manos de los latifundistas que se sometieron a asociarse con Trujillo, y resultó aumentado en extensión al convertirse el propio Trujillo en el más grande latifundista del país. Gran parte del latifundio personal del dictador ha sido dedicado a la producción de azúcar, y su azúcar tiene preferencia —en el mercado nacional y en el internacional— al de los contados productores libres del país, aun cuando estos sean norteamericanos. El mantenimiento del latifundio es esencial para el régimen, puesto que la posesión de las mejores tierras en pocas manos garantiza campesinos sin trabajo, lo que supone mano de obra barata para la explotación industrial —mayormente en manos de Trujillo— y oferta sobrante de aspirantes a soldados y a empleados públicos. El Ejército dominicano está formado por mercenarios; los soldados ingresan en las Fuerzas Armadas mediante un contrato que les garantiza un sueldo y estabilidad en el empleo mientras se sometan a la voluntad del dictador; de manera que para miles de campesinos sin tierra y sin oficio, el ejército es el único medio seguro de vida.

Todos los vicios del caudillaje han resultado exaltados a proporciones nunca vistas en países americanos, y mediante esa exaltación Trujillo se ha convertido en el centro de la vida nacional. Él ha sustituido a los caudillos en lo peor que estos tenían. En lugar de la adoración de las masas, que vinculaba a éstas con los caudillos, Trujillo usa el terror y el premio, con lo cual la admiración espontánea que se prodigaba a los caudillos ha sido suplantada por una adulación impuesta a la fuerza, que ha rebajado a extremos insultantes la dignidad nacional y ha sumido a Santo Domingo en una atmósfera de ridiculez y mal gusto que avergüenza a todo dominicano culto. Las debilidades de la psicología dominicana, tan ligadas a la política caudillista, son ahondadas para beneficio de la tiranía, que ha dado categoría política a la calumnia y el chisme.

La economía de la Nación ha sido puesta al servicio de los negocios personales de Trujillo, a tal extremo que cuando alguna de sus empresas arroja pérdidas se la hace comprar por el Estado a precios altos y a seguidas el Estado se la vende a precios bajos. En este sentido, además de ser el productor y el consumidor obligado de sus negocios, el pueblo dominicano es la garantía última de todas las empresas financieras, industriales y comerciales del dictador.

Como jefe político, jefe militar y amo de la economía dominicana, Rafael Leonidas Trujillo tiene un poder casi omnímodo. Puede asegurarse que lo único en que su voluntad no es determinante en el país es en dar la vida, puesto que da la muerte, la riqueza y la miseria. Esta situación de señor único en el campo militar, en el político y en el económico, le confiere potestad absoluta sobre el pueblo dominicano. Quien no comprenda que el pueblo de Santo Domingo se halla bajo un triple yugo, que en sus tres manifestaciones es igualmente inexorable, no puede hacerse cargo de lo que está sucediendo en la República Dominicana.

El atraso social, cultural, económico y político del pueblo dominicano ha aumentado durante los treinta años de régimen trujillista, si bien el país ha progresado como hacienda personal del dictador. La antigua arritmia histórica de Santo Domingo se ha acentuado, lo que imposibilita su integración en la vida americana, tan indispensable para que nuestro hemisferio pueda presentarse unido en el disfrute de sus valores intrínsecos y en su conducta en el escenario del mundo.

Por fortuna, debido a que Trujillo resumió en su persona todas las debilidades históricas dominicanas, y debido a que sus condiciones personales fueron decisivas en la creación y en el mantenimiento de esa vasta empresa llamada el régimen trujillista, esa empresa depende vitalmente de la propia persona de Trujillo. Tal dependencia es el punto débil de la tiranía, que no perdurará ni un día más allá de aquel en que Rafael Leonidas Trujillo pierda el poder o dé la vida. Las circunstancias históricas que lo produjeron a él como ser psicológico, militar, político y económico no se han reproducido ni se reproducirán en ninguno de sus herederos; ninguno de ellos, por tanto, podrá actuar como él. En igual medida, tampoco se reproducirán en Santo Domingo las circunstancias nacionales y extranjeras que entregaron el pueblo inerme en manos de Trujillo; de manera que en el porvenir no se verá la repetición del tremendo mal encarnado en Rafael Leonidas Trujillo.

Aunque el infortunio histórico se cebó en él desde que comenzó la conquista y la colonización, el pueblo dominicano probó en la segunda mitad del siglo XVIII y en la novena década del siglo XIX que tiene capacidad para recuperar el tiempo perdido, para adquirir cultura, para desarrollarse económica, social, políticamente.

Cuando ese pueblo quede libre de Rafael Leonidas Trujillo, tendrá su tercera oportunidad de conquistar un puesto al sol de la democracia. Los dominicanos estamos seguros de que sabrá aprovecharla. Nuestros hermanos de América deben compartir nuestra confianza.

Caracas,
16 de agosto de 1959.

Post Scriptum

Treinta y dos años —casi un tercio de siglo— después de haber sido puesta a circular, en Caracas, Venezuela, la primera edición de *Trujillo: Causas de una tiranía sin ejemplo*, me asaltaron recuerdos de episodios de mi vida ilustrativos de hechos que demuestran de manera contundente la razón que me asistió cuando dije en esa obra que la familia Trujillo —fueran Trujillo Valdez o Trujillo Molina— formaba parte de las que en aquellos tiempos figuraban en el número de las llamadas "de segunda". De esos episodios el primero debe haber sucedido en el año 1923, cuando en las vacaciones escolares yo viajaba de La Vega a la Capital en un camión Ford de una tonelada que mi padre había comprado cuando debido a la devastadora crisis de los años 1921-1922 hubo que clausurar la firma comercial, importadora y exportadora, establecida en La Vega con el nombre de Gómez, Bosch y Compañía, de la cual era gerente mi padre. Esos viajes se hacían con el camión cargado de frutos cosechados en el Valle de La Vega Real que se vendían en la Capital, adonde se llevaban en viajes de unos cien kilómetros de una carretera no asfaltada.

En esa carretera, tal vez a 25 ó a 30 kilómetros de la Capital, al final de una larga curva conocida con el nombre de La U, había un pequeño comercio establecido en una típica construcción de madera de palma y techo de yaguas, ante el cual se detenía el camión Ford de mi padre como lo hacía en otros pequeños comercios establecidos a lo largo de la carretera para preguntar qué pedían los dueños de esas pulperías campesinas que mi padre les llevara cuando volviera de la Capital hacia La Vega. Unos pedían un saco de azúcar o dos cajas de fideos; otros pedían algunas libras de frijoles —nombre que se le daba entonces a lo que hoy llamamos habichuelas—; otros pedían que se les llevaran cigarrillos y fósforos o dos cajas de gas morado, que se usaba para cocinar. Mi padre anotaba en un cuaderno todo lo que se le pedía porque esa actividad le reportaba algún beneficio, puesto que de no hacerlo los viajes de la Capital a La Vega causaban pérdidas si se hacían sin llevar carga, aunque el total de los pedidos no llenaran el camión.

Algunos años después de lo que acabo de decir pasé yo a trabajar en la casa comercial conocida por el nombre de su dueño: Ramón Corripio, situada a pocos pasos de la Puerta del Conde, en la Capital de la República. En ese comercio, que era al mismo tiempo una firma importadora y un colmado, nombre que se les daba a los establecimientos donde se vendían provisiones al detalle, entre mis quehaceres estaba el de administrar todo lo que se relacionaba con los ingresos de dinero, y por tanto me tocaba recibir los pagos en efectivo de compras que se hacían en el colmado o en el llamado almacén. En esos años eran contadas las personas que recibían cheques en pago de trabajo o de alguna venta, pero recuerdo como si hubiera sucedido hace una hora el caso de un señor con aspecto de tener más de sesenta años que iba cada fin de mes a entregarme debidamente firmado un cheque de cien pesos (en esa época el dólar era la moneda nacional dominicana). Ese cheque era extendido por la Tesorería Nacional, lo que equivale a decir que quien lo recibía era un empleado del gobierno, que en ese caso desempeñaba el puesto de Inspector de Frutos.

Lo que acabo de decir sucedía en los años del gobierno de Horacio Vásquez cuando el jefe militar del país se llamaba Rafael Leonidas Trujillo Molina, y sucedía que el Inspector de Frutos a quien yo le cambiaba cada mes el cheque de cien pesos que el gobierno le pagaba por las funciones de Inspector de Frutos que desempeñaba se llamaba José Trujillo Valdez, el padre del General Rafael Trujillo Molina, y el pequeño comerciante de La U, a quien mi padre le llevaba provisiones compradas en la Capital para ser vendidas en el bohío de tablas de palma y techo de yaguas era conocido, no por su nombre de Arismendy, sino por el apodo de Petán y el apellido Trujillo a secas porque no usaba el segundo apellido, que era el del futuro dictador, el mismo de la madre de ambos: Molina.

La cuantía de los ingresos mensuales del padre de Rafael Leonidas Trujillo, que era ya el jefe del Ejército dominicano, y la categoría del negocio propiedad de Petán son un índice convincente de que los familiares del próximo dictador eran miembros del conjunto de capas sociales conocidos en esos años con la denominación de "gente de segunda", fuertemente despreciada por los que se autodenominaban "gente de primera".

Santo Domingo, R.D.
17 de junio de 1991.

Reseña biográfica de Juan Bosch

Escritor, pensador social y luchador por la liberación de su pueblo. Nació en la ciudad de La Vega el 30 de junio de 1909, hijo de don José Bosch y doña Ángela Gaviño. El padre, español nacido en Tortosa, Cataluña, y la madre, nacida en Juana Díaz, Puerto Rico, se habían establecido en el país en los finales del siglo XIX. Juan Bosch vivió sus primeros años de infancia en La Vega, y visitaba también las comunidades de Río Verde y El Pino. Cursó estudios sólo hasta el tercer nivel de bachillerato.

En su juventud vivió en Santo Domingo y trabajó en establecimientos comerciales; más tarde viajó a España, Venezuela y algunas de las islas del Caribe. A su retorno a la República Dominicana, al comienzo de los años '30, publicó su primer libro de cuentos *Camino real*, el ensayo *Indios* y la novela *La Mañosa*, aclamada por la crítica nacional. Dirigió desde sus inicios la página literaria del periódico *Listín Diario*, en el cual se perfiló como crítico de arte y ensayista.

En junio de 1934 contrajo matrimonio con la señora Isabel García. Con ella procrearía dos de sus hijos: León y Carolina. En los primeros años de la dictadura de Rafael Trujillo Molina fue encarcelado por razones políticas, siendo liberado luego de varios meses. En 1938, sabiendo que el tirano planeaba designarlo diputado, logra salir al exilio y se establece en Puerto Rico. En 1939 se trasladó a Cuba, donde dirigió la edición de las obras completas de Eugenio María de Hostos para la conmemoración de su Centenario. El trabajo con los escritos originales de Hostos, termina de definir en Bosch su vocación de patriota, latinoamericanista y humanista.

En 1939, junto a otros exiliados políticos, fundó el Partido Revolucionario Dominicano (PRD), el cual organizó y dio a conocer en otros países del Caribe y América Latina. En los años transcurridos entre 1940 y 1945, se destacó como uno de los más notables escritores de cuentos de la región y laboró activamente en la formación de un frente antitrujillista encabezado por el PRD. En la misma época, se desarrolla como un agudo analista político e internacional, y hace parte en diversas luchas liberadoras de nuestros países.

Colaboró con el Partido Revolucionario Cubano y desempeñó un destacado papel en la redacción de la Constitución de aquel país promulgada en 1940. Casa, en segundas nupcias, con Carmen Quidiello, de cuyo matrimonio nacieron sus hijos Patricio y Bárbara.

Ganó importantes premios literarios a nivel internacional, entre los cuales se distingue el premio "Hernández Catá" que se otorgaba en La Habana a los cuentos escritos por autores de América Latina. Fue uno de los principales organizadores de la expedición armada que se gestó en "Cayo Confites", en la cual participaron cientos de ciudadanos cubanos y centroamericanos con intención de derrocar la dictadura de Trujillo. Entre ellos se encontraba el joven Fidel Castro.

Posteriormente, Bosch se trasladó a Venezuela y a otros países de América Latina, donde desarrolló una activa campaña antitrujillista y consolidó su carrera de escritor, cuentista y ensayista de primera categoría, a la par de consolidar fuertes vínculos con los sectores progresistas en cada uno de los lugares donde se hace presente. Para ese momento había escrito cuentos de profundo contenido social, entre los que pueden citarse "La Nochebuena de Encarnación Mendoza", "Luis Pie", "Los amos" y "El indio Manuel Sicuri". En Cuba, lugar al que regresó requerido por sus amigos del Partido Revolucionario Auténtico, desempeñó importantes papeles en la vida política e intelectual.

El 1° de enero de 1959 se produjo en Cuba el triunfo encabezado por Fidel Castro, que motorizó un reordenamiento político, económico, y social en los países del Caribe. Bosch, con instinto certero, percibió el proceso histórico que se había iniciado, y dirigió a Trujillo una carta, el 27 de febrero de 1961, en la cual le advertía que su papel político, en términos históricos, había concluido en la República Dominicana, y que de no dar por terminada su tiranía, *"el próximo aniversario de la República será caótico y sangriento; y de ser así, el caos y la sangre llegarán más allá del umbral de su propia casa..."*.

Ajusticiado Trujillo el 30 de mayo de ese año, Bosch regresó a su país luego de veintitrés años de exilio, cuatro meses después de haberse establecido en territorio dominicano el Partido que había fundado en 1939. Su presencia en la vida política nacional, como candidato a la presidencia de la República, revolucionó sustancialmente la forma de vinculación entre los líderes políticos y el pueblo, así como el estilo de realizar campañas electorales en el país. Su forma directa y sencilla de dirigirse a la población, tanto rural como urbana, especialmente a través del programa radial Tribuna Democrática, le permitió desarrollar una profunda influencia y simpatías populares, que lo perfilaron como incuestionable ganador de las elecciones de diciembre de 1962.

Celebrado el torneo electoral, Bosch obtuvo un triunfo arrollador sobre sus contendores, alcanzando casi el 60% de los votos. Combatido desde antes por los sectores más conservadores de la sociedad, tomó posesión como Presidente de la

República el 27 de Febrero del 1963. Había conquistado la voluntad mayoritaria con un mensaje dirigido a la conciencia de las masas del pueblo hasta ahora marginadas del "drama nacional", sin prácticas clientelistas ni demagógicas, propugnando por una auténtica "revolución democrática" en el país.

Bosch dio inicio a una gestión gubernativa patriótica, reformadora, de incuestionable honestidad administrativa y de profundas transformaciones. Su gobierno fue derrocado por un golpe de Estado, ensayado al menos en cinco ocasiones, y estimulado y apoyado desde el exterior. En diciembre de 1963 caen el líder político Manolo Tavárez Justo y otros patriotas, alzados en armas en defensa de la constitucionalidad democrática. Menos de dos años después, la insatisfacción generó el levantamiento militar del 24 de abril de 1965, que tenía como objetivo el reestablecimiento del gobierno constitucional que Bosch había presidido, y la vigencia de la Constitución que su gobierno había promulgado el 29 de abril de 1963, la más progresista que ha conocido la República. En la epopeya conocida como "Revolución de Abril" fueron protagonistas héroes de la estatura de Francisco Alberto Caamaño Deñó, Rafael Tomás Fernández Domínguez, Juan María Lora Fernández y Miguel Hernando Ramírez, entre muchos otros dominicanos y dominicanas valientes.

Impedido de regresar al poder por la intervención militar de los Estados Unidos, retorna al país el 25 de septiembre de 1965 y participa en las elecciones realizadas el 30 de mayo de 1966 bajo la dirección y el control de las fuerzas interventoras. A fines de ese año, Bosch se marchó al exterior radicándose en España, donde realizó una extraordinaria labor intelectual y de organización política produciendo algunas de sus obras más importantes entre las cuales están: *Composición social dominicana, Dictadura con respaldo popular, Breve historia de la oligarquía, De Cristóbal*

Colón a Fidel Castro, y numerosos artículos de diferentes géneros publicados en revistas, periódicos y otras publicaciones del país y del exterior.

Regresó a la República Dominicana en abril de 1970 con la intención de reorganizar y modernizar al PRD. De nuevo fue recibido de manera masiva por el pueblo dominicano, con la capital del país prácticamente paralizada. Quiso convertir a sus miembros en militantes activos, estudiosos de la realidad histórica y social de su país; sin embargo ese proyecto fue obstaculizado.

El 15 de diciembre de 1973 funda junto a otros compatriotas el Partido de la Liberación Dominicana (PLD), una organización revolucionaria y popular llamada a culminar "la obra inconclusa de los padres de la Patria". La idea esencial de este partido fue la creación de una vanguardia con autoridad moral y política en el seno del pueblo trabajador, capaz de convocar y liderar a las grandes masas. Bosch lo define como "un partido nuevo en América". El PLD se constituye como un partido no populista, altamente dotado de conciencia política, métodos y capacidad organizativa, que logra un apoyo creciente entre los ciudadanos, siendo el partido más votado en 1990 pero impedido de ostentar el triunfo mediante el recurso del fraude electoral.

A partir de los setentas, todo su trabajo intelectual y organizativo lo dedica a la lucha "por la liberación del pueblo dominicano". Prosigue, a su vez, con un ingente activismo en la arena internacional a favor de la defensa de los derechos humanos, el derrocamiento de las dictaduras en América Latina, el cese de las intervenciones imperialistas, la integración del continente y la derogación de la deuda externa, entre otras causas. En este campo de acción se vincula con grandes figuras de la política, las artes y el pensamiento de los pueblos del Tercer Mundo y de países amigos de sus aspiraciones.

El relevante aporte del profesor Juan Bosch a las letras nacionales y americanas en la narrativa, novelas y ensayos lo han convertido en maestro de dos generaciones de escritores, cuentistas, novelistas, ensayistas, periodistas e historiadores entre los cuales se distinguen algunas de las más sobresalientes figuras del país y de América Latina.

Su conducta patriótica, cívica, honesta, valiente y militante, como gobernante y líder, lo convierten en un símbolo de la dignidad nacional, en un orgullo para nuestro pueblo y en un ejemplo a seguir para las generaciones presentes y futuras de la República Dominicana. Don Juan falleció el 1° de noviembre de 2001, en Santo Domingo. Sus restos están sepultados en el Cementerio Ornamental de La Vega, su ciudad natal.

Referencias bibliográficas:

Gutiérrez Félix, Euclides. *Biografía de Juan Bosch.*

Piña-Contreras, Guillermo. *Juan Bosch: imagen, trayectoria y escritura.*

Revista *Camino Real* N° 14, Fundación Juan Bosch, 2009.

CONTENIDO

Trujillo: Causas de una tiranía sin ejemplo, de Juan Bosch, fue impreso el mes de enero de 2014 en los talleres gráficos de Impresora Soto Castillo S. A., en Santo Domingo, República Dominicana.